理想の暮らしをかなえるリビングの本

過ごし方別リビングルームの
実例&アイデア集

トーソー出版

ライフスタイルや暮らし方が変わりゆく中で
それでも住まいの中心はリビングルーム。
以前より家で過ごす時間が増えた今
ますますリビングルームの重要性は高まっています。
そしてこの場所には
もっと活用できる可能性が潜んでいるのではないか、
そんなふうに思うのです。
くつろぐのはもちろんのこと
働いたり、
遊んだり、
人をもてなしたり、
お気に入りで彩ったり……。
この本では、そうした行動別に
リビングを素敵に使いこなしている人たちの
個性豊かな住まいをのぞかせてもらいました。
あなたの理想とするリビングルームづくりの、
そして暮らし方のヒントが
きっと見つかるはずです。

撮影：小林久井

CONTENTS

PART 3 / 憩う

PART 4 / もてなす

PART 5／彩る

ハウスメーカーのとっておきリビングルーム

本書内の写真の一部は、出典元をキャプションの最後に記してあります。出典元の情報はP126〜127をご参照ください。

PART 1

働く

LIVING ROOM

最近、住まいへのニーズで増えている
ワークスペースの設置。リビングで働く場合、
たとえば子どもを見守りながら働きたいのか
集中して働きたいのかによっても
設置の仕方が変わってきます。
インテリアにどう馴染ませるかもポイントです。

CASE 01

働く

暮らすも働くも飾るも
おおらかな倉の中で

生活の倉／武蔵野の二世帯住宅
〈東京都武蔵野市〉
設計：一級建築士事務所knof

構造現しにした三角屋根のもとに広がる大空間のリビングルーム。背板のない棚とお気に入りのアート、民芸、日用品などで緩やかに仕切られた奥側のワークスペースでは、リビングで過ごす子どもの気配を感じながら作業を行えます。

仕事を暮らしの一部とする巨大シェルフの仕掛け

大きな木組みの三角屋根のもと、家族みんなでくつろいだり食事をしたり、子どもが遊ぶかたわらで仕事をしたり。そんな風通しのよい生活を送れそうなリビングルームのある住まいが東京の武蔵野市にあります。

この家に暮らすのは、アートディレクションやグラフィックデザインを生業とするクリエイター夫婦と子どもたち。アートや民芸などの蒐集《しゅうしゅう》が趣味だそう。祖父母との二世帯住宅を建てるにあたり、小さい子どもの様子を見ながら仕事ができる環境を望みました。

彼らの希望に対して設計を担当したknofの菊嶋かおりさんと永澤一輝さんが導き出した答えが「大きな倉」。「今後生活がどれだけ変化しても、それを受け入れてくれるおおらかな空間を目指した」と言います。「ものをしまい込む『蔵』ではなく、生活に必要な穀物を入れて必要に応じて取り出す『倉』のイメージです。アートも雑多な日用品も仕事の道具もすべて一緒くたに、日々取り出し、使い、しまえる場所にしたいという意図があります」。

そして生まれたのが特徴的な架構を持つ住まい。黒く塗装したレッドシダーで仕上げた外観とともに、現しになった屋根の構造がまさに大きな倉を思わせます。屋根の構造が見える2階に設けたのが、施主世帯のリビングルーム。強度を計算しながら柱の数を抑え、ダイニングやキッチンと一体となった

撮影：児玉晴希

4	2	1
6 ｜ 5	3	

1 LDK空間の一画、壁式のシェルフで仕切られたワークスペース。窓のない壁側に向けてデスクを設置することで、作業時は集中しやすい環境に。　2 1階から階段を上がった先、真っ先に目に入る2階のシェルフ。施主夫妻が集めたオブジェを飾るディスプレイスペースとしても機能しています。　3 オープンな大空間が広がる2階と対照的に、プライバシーを重視してドアで仕切られた1階。　4 ワークスペースからシェルフを通して見たLDK。中央に開口を設けた背板のない棚で区切ることで、働く場を完全に遮断することなく、家族の気配を感じながら作業ができます。シェルフの製作は東京・御徒町の家具屋WOODWORKが担当。　5 幅三間（5.6m）、天高は梁下で2.4m、最高3.8mという無柱の大空間をほとんど仕切らずに広々と使用。　6 大きな倉を思わせる、レッドシダーが張られた外観。側面の窓で2階のシェルフの一部を絵のように切り取って見せています。

広々とした空間に仕上げました。

ワークスペースも生活の中心であるリビングの一部として、大空間の一角に設置。背板のない大きなシェルフを壁のように立て、LDKと柔らかく区切っています。それによって施主の希望である「子どもを見ながら働く」ことも可能に。シェルフにはコレクションを飾るだけでなく、仕事で使う書類や本、日用品なども収められるように設計しました。

壁に向かって集中して仕事に向かい、ふと後ろを振り返れば愛着のあるアートや民芸、子どものおもちゃや生活の道具が、さらにその向こうには家族がくつろぐ姿が見える。働くことが暮らしと切り離されず、あくまで生活の一部として感じられる。家族のさまざまな営みをすべて受け入れるおおらかさを備えたリビングルームの完成です。

/ DATA /

設計者：一級建築士事務所knof／菊嶋かおり、永澤一輝　施工者：吉田工務店　シェルフ製作：WOODWORK　所在地：東京都武蔵野市　家族構成：夫婦（30代）＋子ども2人＋祖父母　主構造：木造　階層：地上2階　竣工年：2019年6月　設計期間：2018年2月～9月　施工期間：2018年10月～2019年6月　敷地面積：180.12㎡　建築面積：97.55㎡　延床面積：198.41㎡

CASE 02

働く

居場所を選んで過ごせる職住一体の住まい

Ring on the Green
〈東京都世田谷区〉
設計：HAMS and, Studio一級建築士事務所

都内のマンションを改修した建築家夫妻の職住一体住宅。間仕切り壁を撤去してリビングルームからダイング＆キッチン、奥のアトリエ、右手の書斎までが同心円上につながるワンルームを実現。

大きな一室空間に多様なスペースを散りばめる

東京の世田谷区内に立つ築34年のマンションをリノベーションしたのは、この家に暮らす建築家夫妻。現在は夫の伯耆原《ほうきばら》洋太さんが主宰する建築設計事務所HAMS and, Studio（ハムサンドスタジオ）のオフィスを兼ねており、妻の智世さんの在宅ワーク時にも利用しているそうです。

「リビングと仕事場を明確に分けるというより、ワンルームの中にその時々の気分に応じて選べるワークスペースを多数つくることで、〝どこでも働くことができる〟職住一体の住まいを目指しました」と洋太さんは言います。

二人暮らしには十分な90㎡ほどの広さと8つの開口。そうした既存の条件を生かして、おおらかなワンルームの空間を設計。その中央に〝Linkaged Ring〟と名付けたリング状の照明レールを吊り下げ、同心円上にリビングルーム、キッチン、ダイニング、アトリエなどのスペースを配置しています。また、既存の出窓の奥行きを生かしながらその内側に新たに壁を立てて植栽スペースを随所につくり、近隣からの視線を遮りながら、都心のマンションに緑を取り込む工夫を施しました。

完成した住まいは、遮るものが何もなく奥まで視線が通り、光と風が抜けるとても快適な空間。家全体にリビングルームのようなリラックス感が漂いつつ、随所に設けたテーブルや造作カウンター、ソファを活用すればたちまちそこがワークスペースに。ゆったりとした広さがあるため間仕切りのない一体の空間であっても、お互いにほどよい距離を保ちながら過ごせます。オンライン会議や集中して作業がしたい場合には、キッチン裏に配した書斎の引き戸を閉じて使うなど、状況に応じてワンルームにも個室にもできる可変性の高い空間となっています。

従来の価値観にとらわれない間取りに加え、インテリアもあえて〝家らしさ〟のない設えに。既存の荒々しいコンクリートの躯体をベースに、淡いグリーンや青のペイント、リノリウム、鉄などの異素材を組み合わせ、ワークスペースでもあり、カフェであり、ショールームにもなり得る空間を目指しました。

また、今回のリノベーションでは、今のライフスタイルだけでなく、将来的な家族構成の変化なども視野に入れながら設計を行ったと夫妻は言います。

「今後家族が増え、個室が必要になった場合にも廊下を必要とせず、リビングにすべての個室が面するよう計画できます。従来のような狭く長く暗い廊下ではなく、リビングを介して各部屋がつながる間取りは、面積効率としても家族のあり方としても健全なのではないでしょうか」。

/DATA/

設計者：HAMS and, Studio一級建築士事務所／伯耆原洋太、伯耆原智世　施工者：Roovice　所在地：東京都世田谷区　家族構成：夫婦（30代）　主構造：鉄筋コンクリート造　階層：地上2階　竣工年：2022年4月　設計期間：2021年6月〜12月　施工期間：2022年1月〜2022年3月　建築面積：200㎡　延床面積：90㎡

撮影：中村 晃

3　2 | 1
5 | 4

1・2 リビングの横、キッチンの裏側に設けたコンパクトな書斎は、洋太さんが主宰する設計事務所のワークスペース。デスクの背面はクローゼットになっています。オンライン会議時などは引き戸を閉めることも可能。　3 既存のコンクリートをベースに、淡いグリーンや青の壁、赤いソファで色彩豊かな空間をデザイン。気分や作業に合わせて選べるようデスクやカウンター、ソファを点在させたおおらかなワンルームは、空間全体がワークスペースでもあります。既存躯体から吊られた鉄のフレームの上下に照明を仕込んでいます。　4 既存の8つの開口を生かした間取り。奥まで視線が抜けると同時に、光や風をどこでも感じられます。　5 室内の至るところに出窓の奥行きを利用した植栽スペースを計画。室内側にはグリーンの内壁を被せて既存のアルミサッシを隠し、アールを描く開口で柔らかな印象に。

CASE 03

働く

リビングダイニングと、左奥の夫のワークスペースや右奥のキッチンを仕切っているのが、白い格子の室内窓。視線が通るので、どこにいても広がりやつながりが感じられます。

2つの働き方をかなえる室内窓のあるリビング

M邸
〈東京都中野区〉
設計：フィールドガレージ

妻のワークスペースはリビングとひとつながりのオープンな空間に。あえて個室にしないことで、夫との会話やテレビを見ながらの作業が仕事の息抜きになって働きやすいそうです。

夫婦それぞれの心地よい空間を共存させる

眺めも日当たりもよく、くつろいだ雰囲気のリビングダイニング。味わいのあるフローリングや格子を描く室内窓、使い込まれた家具、壁一面にずらりと並ぶアートなどが絶妙なバランスで調和し、まるで海外の住まいを訪れたかのようです。

ここは、共働きの夫婦が暮らす住まい。2人ともIT関係の仕事に就く会社員ですが、現在は在宅ワークがほとんど。さらに妻は副業で社交ダンス用のドレスのデザインや製作も行っているとのこと。以前の住まいではダイニングや寝室で仕事をしていましたが、今後も在宅で働くスタイルを継続したいと考え、ワークスペースをきちんと確保した新居を構えることに。賃貸暮らしに終止符を打ち、中古マンションの一室を購入し、リノベーションして暮らしています。

暮らしの中心となるリビングは、眺望や日当たりに恵まれた南側に配置。そんなリビングを挟むように、東西に夫妻のワークスペースを振り分けています。2人が望むワークスペースはそれぞれ異なり、妻は個室よりもオープンな空間を求めていたため、リビングと間仕切りなくつなぐことに。東側の壁際にパソコンやミシンが置けるカウンターデスクを設け、背面にはDIYで大きな作業台を製作しました。一方の夫はオンライン会議が多いことから個室を要望。しかしリビングとの間は室内窓で仕切り、妻の気配が感じられると同時にコンパクトでも開放感のあるワークスペースをかなえました。

インテリアは、昔からDIYや海外のインテリアデザインが好きな妻の好みに合わせてコーディネート。リビングはアメリカの住まいを参考にしながら、ラフでリラックスした空間を目指しました。床にはムラをつけて塗装しダメージ加工を施したボルドーパイン材のフローリングを貼り、壁は下地のクロスを白くペイント。シンプルながら年月を経たかのような趣のある空間となり、夫妻が以前から愛用する家具や照明器具を引き立てています。

夫妻のライフスタイルに寄り添うように、“暮らす”と“働く”が緩やかにつながるリビング。これまで以上に自分らしく豊かな日々を送ることができるのではないでしょうか。

/DATA/

設計者：フィールドガレージ／原直樹　施工者：フィールドガレージ　所在地：東京都中野区　家族構成：夫婦（30代）　主構造：SRC造　階層：7階　既存建物竣工年：1992年　竣工年：2021年7月　設計期間：2021年3月〜5月　施工期間：2021年5月〜7月　専有面積：75.63㎡

2　1
5 | 4 | 3

1 オープンでありながら、DIYで製作した作業台が妻のワークスペースをゾーニングしています。副業のドレス製作で使用するミシン糸は有孔ボードを使用してアートのようにディスプレイしながら収納。大きなミラーやトルソーも、海外のようなインテリアを彩る要素となっています。　2 個室である夫のワークスペースにはヴィンテージのサイドボードにカラフルなジャケットのレコードやCDなどが飾られ、趣味室のような役割も果たしています。　3 約4畳のコンパクトな個室ですが、室内窓を介してリビングへと視線が抜けるため、閉塞感を感じません。　4 夫のデスクは、DIYが好きな妻がイケアのパーツを使用しながら製作したもの。　5 味わいのある家具や照明器具は、夫妻が以前から愛用してきたものがほとんど。ダイニングに面する壁には一面にアートを並べてアクセントにしています。

CASE 04
働く

家族で共有する多目的なアトリエ

Tさんの家
〈東京都目黒区〉
設計：ハンズデザイン一級建築士事務所

心地よい距離感を保つ4つの居場所

18年ほど前に入居したマンションをリノベーションしたTさん一家。以前の間取りは部屋が細かく分かれて閉塞感があり、なにより自宅で仕事をすることの多い夫妻にとって働く場でもあるLDKは、くつろぎの場や食事の場が混在して使い勝手が悪かったそう。2人の子どもが成長して個室が必要になったことに加え、新築時から感じていた間取りへの不満や不便さを解消し、今の暮らしや趣味に合った住まいにしたいという思いがありました。

「LDKは個々の広さや距離感を意識してレイアウトを整理し、〝くつろぎ〟〝調理〟〝食事〟〝仕事〟と家族4人が一緒にいながらそれぞれ違うことをしていても快適に過ごせるよう設計しました。動線や視線、光、空気の連続性をつくり出すことで、空間全体の一体感を高めています」。設計を担当したハンズデザイン一級建築士事務所の星名岳志さん、貴子さんはそう語ります。

夫妻と打ち合わせを重ねて生まれたのが、リビングからダイニングキッチン、その奥のアトリエまで連続する間取り。ソファ、ダイニングテーブル、アイランドキッチン、デスクの「4つの島」が浮かぶように配置され、ひとつの空間の中に異なる用途の居場所がバランスよく収められています。

コの字型のデスクと2面の本棚、窓に囲まれたアトリエは、リビングルームとの一体感がありながらこもり感も感じられる場所。夫妻が仕事をするのはもちろん、子どもたちも自由に出入りできる家族共有の場に。仕事、勉強、制作と多目的に活用しながら、趣味のものを随所に飾って楽しんでいます。

複数の居場所をまとめているのが、ナチュラルで落ち着いた雰囲気のインテリア。床はチーク材のフローリング、天井は北欧の広葉樹サーモアスペンの羽目板に統一し、ホタテ塗料の塗り壁など質感豊かな素材をセレクトしました。アトリエの壁は優しい風合いのダークグレーの左官仕上げにして、空間のアクセントとしています。

アトリエは当初思い描いていたとおり、家族みんなでさまざまに活用できているという夫妻。シンプルでフレキシブルな空間が、時間とともに変化していく家族の暮らしをこれからも優しく受け止めてくれるはずです。

/DATA/
設計者・施工者：ハンズデザイン一級建築士事務所／星名岳志、星名貴子　所在地：東京都目黒区
家族構成：夫婦（40代）＋子ども2人　主構造：RC造　階層：地上4階　竣工年：2020年10月
設計期間：2019年10月〜2020年5月　施工期間：2020年7月〜10月　専有面積：83.4㎡

リビングルームとダイニングキッチンの奥、緩やかにつながった場所に新たに「アトリエ」を設置。広さや距離感を整理することで、くつろぐ、食べる、仕事をするなどそれぞれの行動が行いやすくなりました。

3面のデスクと本棚を造作したアトリエ。夫妻の仕事場としての使い方のほか、子どもたちの勉強場所や趣味の場として家族全員で活用しています。本や資料とともに棚に飾られたフィギュアやオブジェも素敵なインテリアに。

3　1
5 4　2

1 木材や天然石など自然素材をふんだんに用い、ナチュラルで落ち着いた雰囲気に仕上げたLDK。写真の右奥がアトリエスペース。　2 調理や仕事、休憩などそれぞれが違うことをしていてもお互いの存在が感じられるほどよい距離です。　3 アトリエからダイニングとリビングを見た様子。完全に仕切らないことで、アトリエに子どもたちも入ってきやすい雰囲気に。
4 アトリエの壁は天然石と石灰からなるシリカライムの左官仕上げで、優しい風合いのダークグレーに。木の仕上げとの相性もよく、ほかのスペースによいアクセントを加えつつ一体感を出すのに成功しています。　5 デスクや雑多な仕事道具の目隠しにもなるキッチン棚は、リビングから見えないアトリエ側の下部を掃除機置き場に。気がついたときにサッと掃除ができて便利。照明は席ごとに調光できるようにするなど、作業性にも配慮しています。

撮影：くろださくらこ

布で仕切る。それだけで立派なワークスペースが完成

大掛かりなワークスペースは必要ない、あるいはスペースが取れない。そんなときもファブリックでサッと仕切るだけで、リビングの一角が立派なワークスペースに変わります。天井にハンギングバーを設置すれば、お気に入りのファブリックを開閉可能なカーテンのように活用できます。(ブラックバー：ハンギングバーH-1／トーソー)

働く

LIVING ROOM
アイデア集

リビングで働く際、ポイントとなるのは
ほどよく集中できる空間づくり。
インテリアに馴染ませる工夫にも注目。

アクセントになるクールな室内窓

リビングに隣接する和室の一部を、リノベーションでワークスペースに変更した例。窓のサッシや家具のテイストに合わせて、クールなブラックの室内窓とドアで仕切っています。天井の高さまで設けた室内窓は、格子状のサッシがインテリアのアクセントに。室内窓を通して見える照明や本棚もテイストを統一。(フィールドガレージ)

アルコーブを有効活用して空間に馴染ませる

壁が奥まったスペース（アルコーブ）をワークスペースとして活用するアイデア。ウィリアム・モリスの壁紙を貼ったアクセントウォールに木製の棚を渡したワークスペースが、エレガントなリビング空間に自然に調和します。アートやお気に入りのインテリア雑貨を飾ったり、椅子や照明のチョイスにも気を配って。（住友林業）

造作棚やデスクで壁一面が仕事場に！

思い切ってリビングの壁一面をワークスペースにするのもアリ。壁いっぱいに棚やデスクを造作すれば見た目の収まりもよく、2人並んで作業するにも十分なスペースが確保できます。棚上段は雑貨や本を飾るスペースに。（カウンター天板：フリーカット無垢材 ナラ〈節・白太有〉、棚受け：棚受け金物 鉄 D200／toolbox 撮影：渋谷南人）

リビングに隣接するダイニングルームをガラスの引き戸で仕切るアイデア。たとえば子どもが遊ぶリビングの様子をうかがいながらほどよく集中して作業できるワークスペースになります。普段は引き戸を開け放って、リビングダイニングが一体となったゆとりのある空間として利用可能。(カーテンレール：モノ16／トーソー)

ガラス戸で仕切ってフレキシブルに対応

子どもも喜ぶカラフルで楽しげなインテリア。色分けされた仕切りの向こう側に、セミオープンなワークスペースが。仕切りに沿って棚を置けば、雑多さを隠しつつたくさんの仕事道具が収納できます。家族とつかず離れずでいながら、仕切りを介して気分の切り替えができるGOODアイデアです。(アートアンドクラフト)

表と裏でメリハリをつけて気分を切り替える

PART 2

遊ぶ

LIVING ROOM

特に子どもやペットがいる家庭では
リビングルームが遊びの場として活躍します。
想像力を育むような楽しい仕掛けや
ペットが安全に過ごせる設計にも注目です。
大人の遊び心が感じられる
大胆なインテリアのリビングも魅力的。

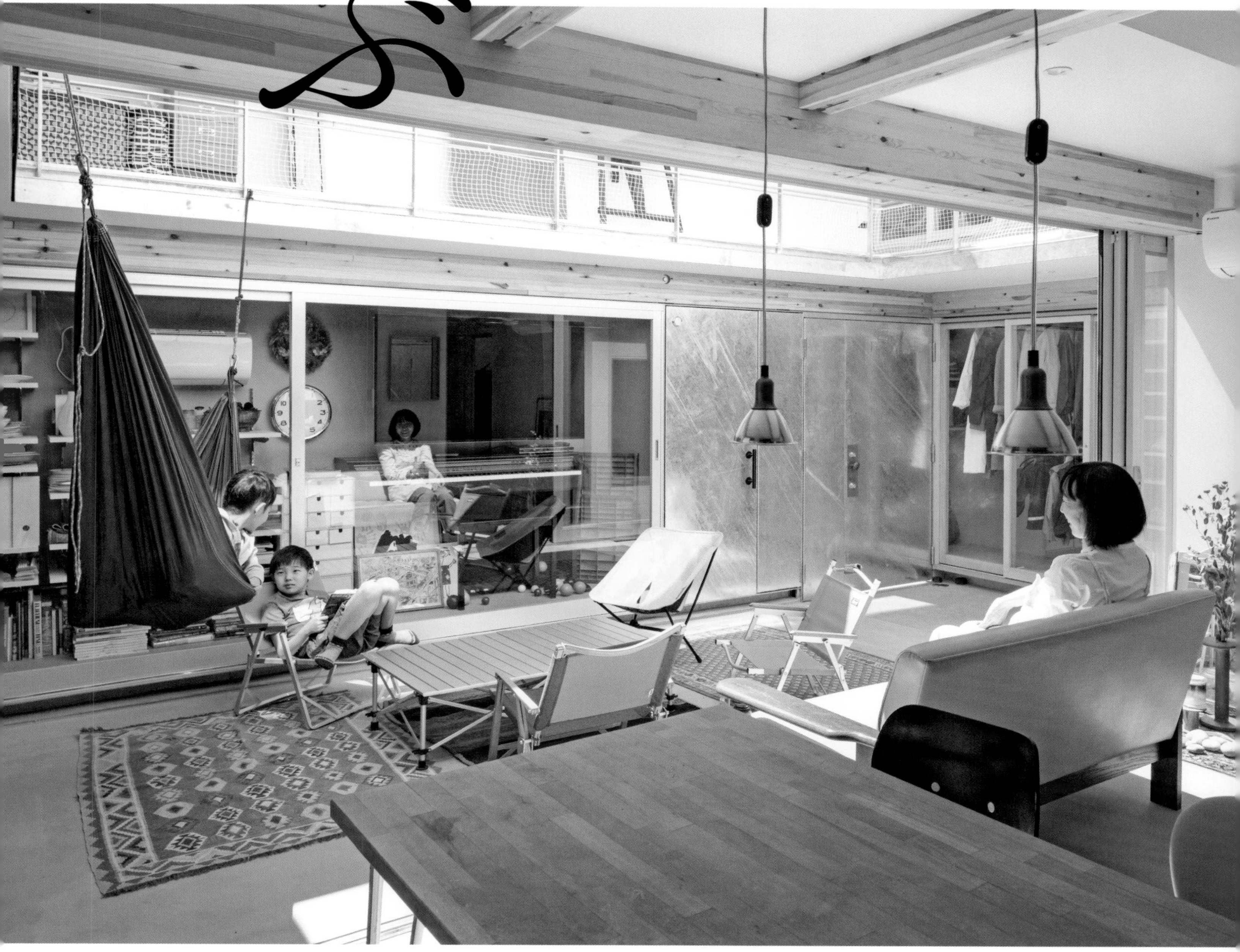

CASE 05

遊ぶ

屋根のないリビングで移り変わる季節を遊ぶ

オープンスカイハウス〈東京都杉並区〉

設計：鈴木理考建築都市事務所＋座二郎＋天本みのり

室内の一部として連続しながら、青空を眺めるリビングルーム。延べ床面積約57㎡の小さな住まいですが、屋外のリビングルームに対してすべての部屋を開くことで、広がりを生みました。

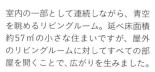

キャンプのように自然を感じて暮らす毎日

「オープンスカイハウス」という名のとおり、この家のリビングルームには屋根がありません。キャンプのように青空の下でくつろいだり遊んだりできる一方で、雨が降る日があれば風が吹くこともあり、冬には雪が積もることも。そんな住まいが、東京23区内の住宅街の中にあるというから驚きです。

　この屋根のないリビングは、建ぺい率や容積率が厳しい都心の小さな土地で、家族5人の伸びやかな生活空間を確保するために生まれました。住人は建築家兼アーティストの座二郎《ざじろう》さんと、インテリアデザイナーの天本みのりさん夫妻、そして3人の子どもたち。少しでも広く暮らせないかと座二郎さんが描いたスケッチをもとに「移り変わる空や雲、月、光、気候そのものを、屋根のないリビングルームで楽しむ住まい」を目指すことに。そんな遊び心あふれるアイデアを友人の建築家、鈴木理考さんに相談し、実際にかたちにすることができたのです。

　外から見ると三角屋根のシンプルな建物ですが、中に入ると実は住まいの半分が屋外。1階のダイニングキッチンの奥に屋根のない吹き抜けのリビングルームが連続し、まわりをショーウインドウのようなガラス張りの収納棚が囲っています。鈴木さんが特に注力したのは、屋外のリビングにおいても室内としての快適な生活を成り立たせること。「屋内外をスムーズに行き来できるよう、床の段差をなくしつつもきちんと防水をし、雨水の排水は合流汚水の臭気が上がってこないようトラップをつけました。収納スペースは扉の位置を庇の下になるよう調整して雨の侵入を防いでいます」。

　屋根には座二郎さんがヨットの金具を用いたタープを用意し、雨や強い日差しをうまく避けながら暮らしています。「夏場はタープを張って冷房をつければ冷気が下に降りてくるので快適。冬の防寒対策には床暖房を設け、さらにストーブの輻射熱で温めています。「リビングでテントを張ったり、プールを置いたり、雪だるまをつくったり、バーベキューしたり。大人も子どもも季節の変化とともに遊ぶように暮らし、都市生活では得られないものを得ています」と座二郎さん。常識にとらわれずに発想した大胆で自由な住まいが、豊かな日常を教えてくれます。

/DATA/

設計者：鈴木理考建築都市事務所／鈴木理考　座二郎　天本みのり　施工者：山菱工務店　所在地：東京都杉並区　家族構成：夫婦＋子ども3人　主構造：木造　階層：地上2階　竣工年：2019年2月　設計期間：2017年12月〜2018年5月　施工期間：2018年7月〜2019年2月　敷地面積：76.71㎡　建築面積：37.83㎡　延床面積：57.01㎡

撮影：中山保寛

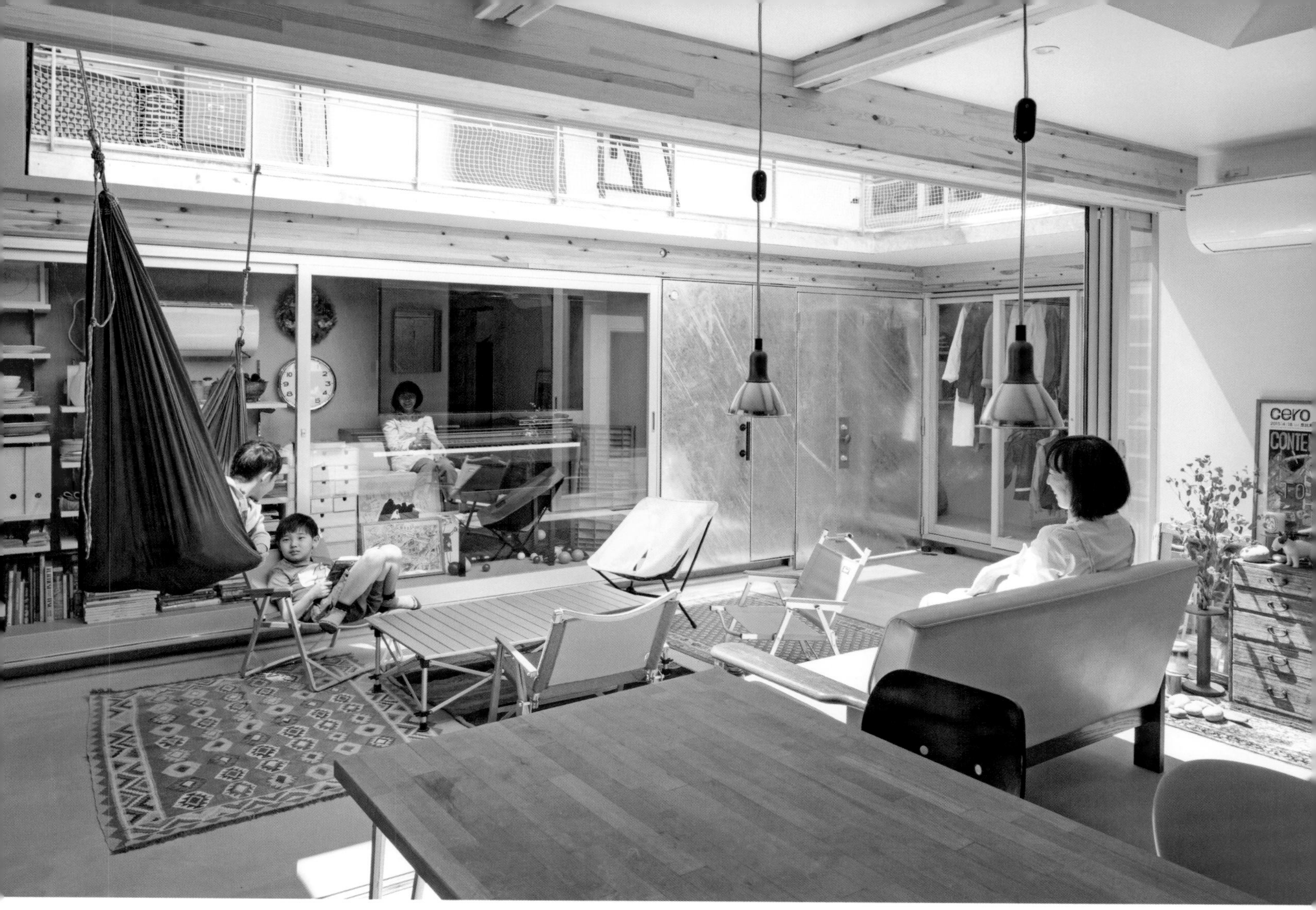

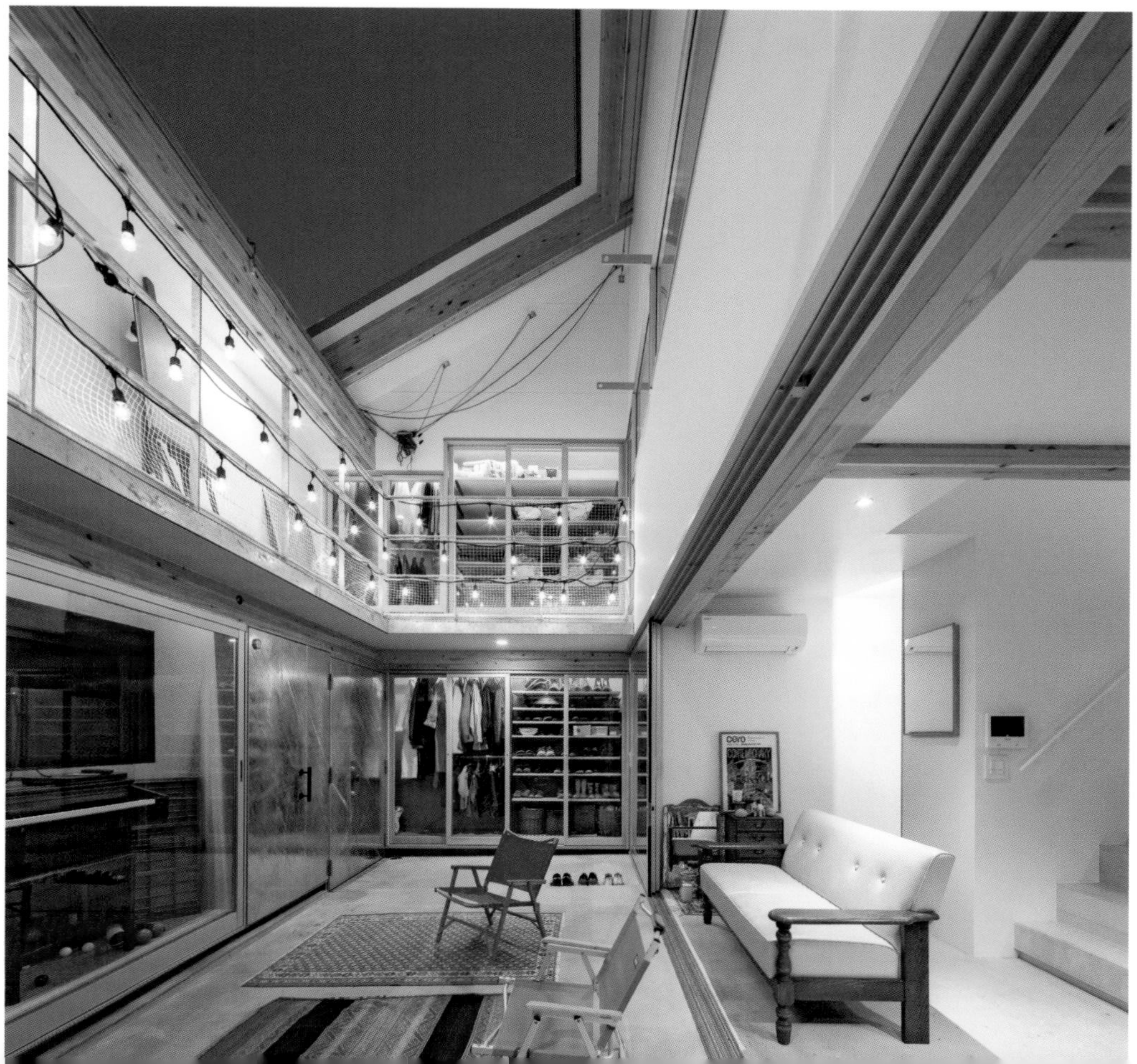

4　1
5　2
　　3

1 雨の日や日差しが強い日には半透明のタープを張り、屋外でも室内のような暮らしを実現。2階のホールに置いたデスクでは、オープンエアで気持ちよく作品づくりができます。　2 リビングルームから見たダイニングキッチン。キッチンの収納扉には、妻である天本さんのコーディネートによりイエローやネイビーのアクセントカラーを使用。　3 周囲の街並みに馴染むシンプルな外観からは想像できませんが、住まいの約半分に屋根がなく、中庭のようなリビングルームが配されています。　4 床をすべてコンクリートで仕上げ、室内外がシームレスにつながる1階。リビングを囲む収納棚には屋外での使用が可能なガラス戸を設けて、雨の侵入を防ぐとともにショーウインドウのような楽しげな雰囲気を演出。2階の手すりからロープを張ってハンモックも楽しめます。　5 収納棚の壁もカラフルな色で塗装、夜に照明をつけるとまるでテーマパークのよう。

CASE 06
遊ぶ

子どもと木がたわむれるリビング

京都の家
〈京都市北区〉
設計：一級建築士事務所07BEACH

動線上につながる家中が楽しい遊び場

3人の元気な子どもたちが家中を絶えず走り回り、いつも笑い声が響き渡る住まい。その中心にあるのが、吹き抜けいっぱいに枝を伸ばす大きなベンジャミンの木が植えられたリビングルームです。「家の中に樹木がある」。まるで公園のような個性的な住まいは、設計者の近森穣さんと施主夫妻がじっくり話し合う中で生まれた案だったと、近森さんは当時を振り返ります。

「限られた敷地の間口や立ち迫る隣家を考慮し、当初は中庭を設ける案を考えていました。ただ、ガラスで囲んだ中庭をつくってしまうとどうしても居室が窮屈になる。そこで、直接家の中に庭を取り込んだ〝室内樹木案〟へと発展していきました」

中庭を兼ねたリビングルームには、室内の採光と樹木の生育に必要な照度を考慮して、吹き抜けの上部に開閉できるトップライトを6つ配置。室内で樹木を健康に保つために、ノウハウを持つ専門業者にアドバイスをもらいながら、適した環境づくりを綿密に行いました。そのかいあって無事すくすくと枝葉を伸ばすに至った樹木のおかげで、室内には木漏れ日が優しく降り注ぎ、まるで外のような開放感が感じられます。この光庭のような明るいリビングルームからは、階段や緩い勾配をつけた滑り台のようなスロープで2階にもアクセスでき、住まい全体がひとつの大きな部屋のよう。まだ幼い子どもたちの目が離せない中で、お互いがどこで何をしているのかが感じられるオープンな間取りは安心感を与えてくれます。なにより全体がつながった行き止まりのない空間は、家全部が公園のような遊び場となっています。

楽しげな住まいの中でひと味違った開放感に浸れるのが、風呂好きな夫の希望でリビングルームの延長に配置したバスルーム。壁はもちろんのこと目隠しとなるカーテンもないオープンな空間で、子どもたちと露天風呂のように木の緑を眺めながら入浴するのが習慣だそう。これもまた遊び心の演出と言えるでしょう。

「これからお子さんたちとともに成長していく1本の木は、もうひとりの家族みたいなもの。家族と住まいの結びつきを強めてくれる存在になっていくと思います」

／DATA／

設計者：一級建築士事務所07BEACH／近森 穣　施工者：久馬設計工務　所在地：京都市北区　家族構成：夫婦（40代）＋子ども3人　主構造：木造　階層：地上2階　竣工年：2019年1月　設計期間：2015年12月～2018年9月　施工期間：2018年3月～2019年1月　敷地面積：133.85㎡　建築面積：79.50㎡　延床面積：131.19㎡

吹き抜けいっぱいにベンジャミンの木が
枝を伸ばす、公園のようなリビング。子
どもも伸び伸びと遊べます。正面のバス
ルームや階段やスロープを介した2階と
行き止まりなくつながり、どこにいても
家族の気配が感じられます。

4　2/3　1

1 風呂好きの夫の希望で実現した、リビングルームに面したバスルーム。ガラス張りで目隠しもなく、露天風呂に入っているような開放的な気分に浸れます。リビングルームからすぐ目の届く場所にあるため、子どもたちの水遊び場にも活用しているそう。　2 緩やかな勾配をつけた滑り台のようなスロープは、2階の寝室と子ども部屋をつなぐ渡り廊下でもあり、子どもたちの格好の遊び場でもあります。天井には6つの大きなトップライトが設けられ、採光も十分。　3 2階の寝室側から見たダイニングキッチンと子ども部屋。　4 光がさんさんと差し込む伸びやかなLDKの空間。子どもたちもシンボルツリーの樹木もここですくすくと育っています。

CASE 07

遊ぶ

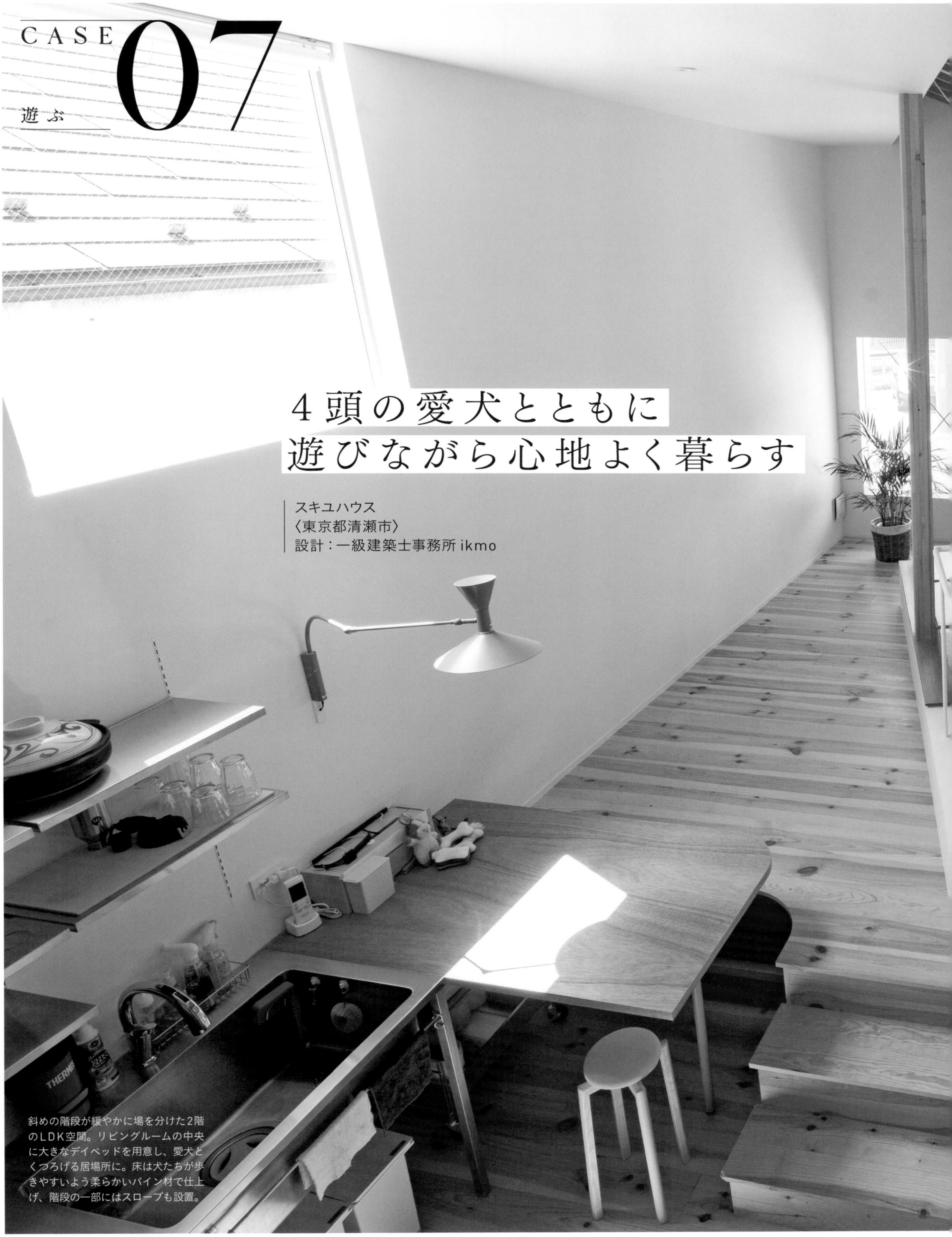

4頭の愛犬とともに遊びながら心地よく暮らす

スキユハウス
〈東京都清瀬市〉
設計：一級建築士事務所 ikmo

斜めの階段が緩やかに場を分けた2階のLDK空間。リビングルームの中央に大きなデイベッドを用意し、愛犬とくつろげる居場所に。床は犬たちが歩きやすいよう柔らかいパイン材で仕上げ、階段の一部にはスロープも設置。

2｜1
3

1 愛犬たちは2階だけでなく上下階を自由に走り回ります。階段は小型犬が上り下りできるよう、幅92㎝、蹴上約16㎝、踏面29㎝と比較的緩やかに設計。建物に対して階段を斜めに配しているため、この勾配が実現しました。　2 西側のリビングと東側のキッチンはレベル差を設けて互いの視線が合うように。緑を切り取る小窓が印象的。　3 斜めの軸に沿って最も高い棟木をかけ、屋根にねじれ（skew＝スキユ）を生み出しました。大好きな日本酒を保存する奥のセラーは、リビングから目が届く位置にこだわって設置しています。

愛犬との時間も、趣味も。全部が楽しめるリビング

都心へ通勤しやすい距離にありながら、豊かな自然が残る東京都清瀬市。その住宅街に建つ「スキユハウス」の玄関を入ると、建物を斜めに貫く階段がまず目に入ります。階段の先の2階にはワンルームのLDKが広がり、4頭の小型犬が自由に遊び回っています。

施主の2人はキャンプやバーベキュー、料理、お酒が趣味。そして愛犬と過ごす時間をとても大切にしています。趣味や愛犬との暮らしを思い切り満喫できる住まいを目指し、郊外に2階建ての新居を計画しました。

「敷地の目前には集合住宅、裏手には体育館が建ち、周囲への視界を遮っていました。一方で斜め前方には公園、斜め後方には桜並木と対角線上に緑の風景が連なっていたので、そのラインに沿って住まいの〝軸〟を傾けようと考えたのです」と話す、設計を手がけた建築家の比護結子さん。敷地に対して傾けた軸に沿い屋根や階段も傾け、開口の位置や大きさを調整することで、緑の風景を住まいに取り込みました。

暮らしの中心となるリビングルームは、そんな緑の景色が最も感じられる2階西側に配置。人と犬、それぞれが遊びながら心地よく暮らすための多くの工夫が見られます。犬にとって特にうれしいのは、階段で緩やかにゾーニングされた間仕切りのない空間を自由に走り回れること。また、斜め方向の階段によりワンルームの中でも広い場所や狭い場所ができ、気分を変えて滞在できる居場所が多く生まれました。なかでも中央のデイベッドはみんなが大好きな場所。ここでお酒を飲んだり、テレビを見たり、寝転んだり。小型犬が飛び乗れる高さで、愛犬たちと遊びながらくつろぐことも多いようです。

東側に連続するキッチンは床の高さをリビングよりも下げ、料理をする人とくつろぐ人の視線が合うように。ダイニングテーブルもキッチンとつなげているため、料理をしながら会話をしたりお酒を飲んだりできるのです。さらにリビングの西側に続くインナーテラスにはシンクやベンチを用意。休日には、バーベキューコンロを囲んでアウトドアリビングを満喫しています。

愛犬とともに毎日を遊ぶように過ごせる、2人の理想のリビングルームが生まれました。

／DATA／

設計者：一級建築士事務所ikmo／比護結子　施工者：内田産業　所在地：東京都清瀬市　家族構成：大人2人（40代）＋犬4匹　主構造：木造　階層：地上2階　竣工年：2019年5月　設計期間：2017年12月～2018年10月　施工期間：2018年11月～2019年5月　敷地面積：98.99㎡　建築面積：53.13㎡　延床面積：97.42㎡

撮影：西川公朗

CASE 08

遊ぶ

広い専有面積を生かしてゆったりと設けられたLDK。落ち着いた色合いの空間の中にやりたいことをすべて取り入れて、自由な発想と遊び心にあふれる住まいができあがりました。

やりたいこと全部入り。
遊び心にあふれるリビング

H邸
〈東京都目黒区〉
設計：ブルースタジオ

リノベーションの魅力が詰まった大人の隠れ家

24畳ほどもある広々としたリビングの一角。ガラスの箱が、照度が抑えられた周囲に溶け込むように浮かんでいます。これは一体何？

「茶室です。プランニング中にお施主様のリクエストで追加することになりました」。そう語るのは、この家のリノベーションを手がけたブルースタジオの石井健さんと木村裕一さん。施主夫妻は読書をしたり心を落ち着かせるために茶室を利用しているそうです。

茶室以外にも、この空間には遊び心にあふれるさまざまな仕掛けが施されています。都心で100㎡を超すヴィンテージマンションの一室を手に入れた夫妻。恵まれた広さを生かしてLDKをなるべく広く取り、やりたいことを詰め込んだリノベーションを行いました。曰く「本に囲まれた暮らし」「ものを置かないすっきりとしたスペース」「隠れ家のようなダークな色の素材使い」「在宅ワークが可能なスペース」「カメラのコレクションを飾る場所」……。

リクエストをすべてかなえた住まいは、玄関を開けると廊下からLDKまでひとつながりになった空間。廊下には十分な広さのワークスペースとカメラのコレクションを飾れるショーケースが備えられています。LDKの入り口にある茶室の横には生活感を極力抑えた収納つきのキッチンがあり、その奥には「蔦屋書店」のような壁一面の

撮影：千葉芳敬

4
6 | 5
2 | 3 | 1

1 プランニング中に急きょ加えられた茶室は、全面ガラス張りのアーティスティックなデザイン。床から浮かせて下には玉砂利を敷き詰め、特別感を高めています。　2 玄関からLDKに向かってまっすぐ目に入る位置に茶室を設置。ガラスを通して見える床の間のような設えも素敵です。　3 バルコニーがない部屋だったため、窓際の床を一段下げてインナーバルコニーに。サイザル敷きの床、マゼンタカラーの壁など一筋縄ではない遊び要素が満載。　4 壁一面の本棚は窓へとつながる水平ラインを強調。ハイセンスなブックストアのような陳列を楽しめます。　5 本棚から連続するように造作されたキッチン。キッチン自体の優先度は低かったため大掛かりな設備は設置せず、収納を確保しながらもコンパクトにまとめています。生活感が出る冷蔵庫やキッチン家電は扉の中に収納。　6 LDKに至る幅広の廊下にワークスペースを設置。カメラのコレクションを飾るガラス戸のキャビネット内に照明を仕込み、お気に入りを引き立てています。

本棚が窓まで続きます。オーク無垢材のフローリングのリビング中央には座り心地のよさそうなソファだけを大胆に置き、窓際にはサイザル材敷きのインナーテラスと大きなグリーン。なんとも贅沢な空間です。

天井はコンクリートの躯体を現しにし、床は天然石張りとオーク無垢材のフローリングで緩やかにエリアを分けています。グレーに塗装した壁と木の造作棚の相性も抜群。それぞれ落ち着いた色合いの材を選び、広々としているのに隠れ家のような不思議な印象です。南に向いた窓からの日差しとのコントラストも心地よく感じられます。

たとえ生きるために必要不可欠ではなくても、暮らしを楽しく豊かなものにしてくれる遊び心は大切にしたい。この住まいはそんなことを教えてくれる気がしました。

/DATA/

設計者：ブルースタジオ／石井健、木村裕一
施工者：シグマテック　所在地：東京都目黒区
家族構成：夫婦（40代＋30代）　主構造：SRC造　階層：7階　既存建物竣工年：1970年
竣工年：2021年12月　設計期間：2021年6月～9月　施工期間：2021年10月～12月　専有面積：103.95㎡

未来はオリンピック選手!?
リビングの壁に
クライミングウォール

リビングの壁一面をクライミングウォールにするアイデア。家族が集まるリビングに設置することで、大人が見守る中で子どもが存分に楽しめそうです。もちろん大人が楽しんでもOK。グリップの色がモノトーンのタイプならインテリアにも取り入れやすくおすすめです。（Home Climbing Wall／東商アソシエート）

遊ぶ

LIVING ROOM
アイデア集

子どもやペットが健やかに遊べたり
遊び心が感じられる空間のヒントを紹介。
自由な発想でリビングを彩りましょう。

遊具使いの工夫
不思議と空間に馴染む

吹き抜けの広いリビングダイニングを、遊び盛りの子どもたちのために大活用したアイデア。階段横には滑り台、そしてロフトからはブランコを設置。たくさんのグリーンで彩られたリビングは室内のアスレチックのよう。木や白などまわりと素材や色をそろえることで、遊具もインテリアの一部になっています。（写真提供：unon）

階段下に秘密の小部屋。

見守りながら情緒を育む

リビングに階段があるファミリーに試してほしいアイデア。階段下のスペースに小部屋をつくり、子どものための空間をつくってはいかが？ 内部はストライプ柄などの可愛らしい壁紙で彩り照明も吊るして本格的に仕上げると居心地がよくなり、子どもが入り浸りになりそうです。（クラシスホーム）

まるで家具の一部。

ナチュラル猫タワー

猫は縦移動が必要といわれますが、そんな愛猫のためのリノベーション。猫が上がりやすいよう階段状に設計された本棚兼TV台は、よく見るとTVの下にご飯スペースも。窓際にも猫のステップを用意。素材やテイストをそろえることで、インテリアに無理なく馴染んでいます。人も猫も幸せに過ごせる家の完成です。（nuリノベーション）

ロマンチックなハンモックで 異国情緒に遊ぶ

リビングにハンモックは憧れだけど、カジュアルなアウトドアテイストが多くて「うちには合わない?」と思う人もいるかも。写真の事例のようなナチュラルなタイプなら大人のリビングルームにもぴったり。フレンチアンティークを意識した空間は、真鍮やタイルなどの素材、グレイッシュな色使い、たっぷりと垂れ下がるように吊るしたカーテン、照明や小物に至るまで大人の女性の遊び心に満ちています。(空間社)

PART 3

憩う

LIVING ROOM

ゆったりとくつろげるリビングルームは
やっぱりみんなの憧れです。
自然に恵まれた環境であれば、
外の景色を効果的に中に引き込んでみましょう。
逆に、こもって落ち着ける場所をつくるのも
憩いのリビングづくりのひとつの方法です。

CASE 09

憩う

窓辺の景色が引き立つ木の変形リビング

Chocolate Cornet
〈岐阜県多治見市〉
設計：服部信康建築設計事務所

たラワン合板の壁と傾斜天井、可
「AKARI」のペンダントライトが
く。大きな窓からは多彩な種類の
れ、ここがごく普通の住宅街の中
清々しさに満ちています。

素材の選択と窓の形状から生まれる心地よい明暗差

優しい木のぬくもりに包まれながら、窓の外の緑を体全体で楽しむ。そんな居心地のよいリビングを持つ一軒家が岐阜県多治見市に建っています。

上から見ると変形五角形というユニークな形状のLDKは、敷地自体が奥に向かって尻つぼみになる三角形に近い変形地であることから生まれたもの。建築家の服部信康さんは、道路に面した広い間口の南側に大開口のLDKをひとまとまりに配し、奥に向かってすぼまりながら水まわり、そして寝室へと続く住まいを設計しました。

周辺は自然に囲まれてもおらず豊かな街路樹があるわけでもない、ごく普通の住宅街。そこで敷地前面に玄関アプローチを兼ねる広めの庭を設け、10種類以上の植物をまるで自生しているかのように不規則に植えました。庭に面したLDKの横長の窓は1800㎜と高さを抑えめにすることで、敷地外の余計なものを極力見せずに植栽と横木の外柵のみが目に入るように。折れ曲がった窓のおかげで外の緑をより広い面積で楽しめます。立ち上がりを設けた窓際に腰掛けると体全体で緑を感じるような感覚に。立ち上がりの高さは椅子の座面高さとあまり変わらないため、テーブルに着く人と窓辺に座る人の距離が縮まりコミュニケーションが自然に生まれる効果もあります。

空間の心地よさを生み出す要素としてもうひとつ外せないのが、天井や壁

撮影：山内紀人（2、4以外）

2
4 | 3　1

1 白壁の空間とは異なり光を反射しにくい木の壁と天井。加えて窓の高さを抑えているため、同じLDK内でも場所によって明るさに大きな違いが。窓から離れたソファ付近は暗がりでこもるような落ち着きが感じられます。　2 建物自体も変形し、LDKの窓から外壁の一部が見えるつくり。日の光を受けた植栽の影が外壁に落ちて自然の木漏れ日のよう。　3 ソファ方面から窓際のダイニングテーブルと左奥のキッチンを眺めた様子。一番奥が玄関で、LDKと直接つながるようになっています。天井や壁と同じラワン合板でキッチン設備を覆い、空間に馴染ませています。　4 12〜13種類の多彩な植物がすくすくと生い茂る前庭。LDKの大窓を横に見ながら地元の石を使用したアプローチをたどって奥の玄関へと至ります。

の仕上げです。ラワン合板の勾配天井や壁が落ち着いた色合いと美しい木目で空間を彩ります。「コストの関係もあり安価なラワン合板を選択したのですが、ほどよい陰影をつくるのに役立ちました」と服部さん。白い壁や天井と比べて木は光を反射しません。それがよい効果を生み、同じ空間内で明るさに大きなコントラストが生じます。

窓から離れるほど暗くなり、こもるような落ち着きが感じられるのです。ラワン材の天井と壁、ニレ無垢材の床と木で統一されているため、窓の外に輝く植栽の緑もより引き立って見えます。

施主の好みであり服部さんも意識したという1960年代の建築や、吉村順三やアントニオ・レーモンドが手がけた木の家の雰囲気も感じられる清々しい住まい。さしずめ「リビング全体が森の家」と言えそうです。

／DATA／

設計者：服部信康建築設計事務所／服部信康　施工者：箱屋　所在地：岐阜県多治見市　家族構成：夫婦＋子ども2人　主構造：木造階層：地上2階　竣工年：2020年9月　設計期間：2019年2月〜10月　施工期間：2019年10月〜2020年9月　敷地面積：202.55㎡　建築面積：95.95㎡　延床面積：107.88㎡

雄大な山並みと麦畑を望む1階のリビング。二方向にフルオープンできる大きなガラスの開口を配し、角の柱をなくすことで、周囲の田園景色との一体感を高めています。

外との一体感が心地よい田園風景を望む住まい

西七区の家
〈岡山県岡山市〉
設計：ARTBOX建築工房一級建築士事務所

屋内外をシームレスにつなぐ大開口

岡山市郊外に広がるのどかな田園風景。その中にぽつんと佇む木張りの建物が、建築家の野田大策さんと妻、子ども2人の4人家族の住まいです。野田さんが生まれ育ったこの場所に、自ら設計した自邸を完成させました。

敷地の周囲には見渡すばかりの田園が広がり、南側の遠方には地域の住民から〝児島富士〟と親しまれている常山を望むことができます。そうした豊かな自然を享受するために、外とのつながりを存分に感じられる住まいを設計しました。特に家族全員が集まってくつろぐリビングは、最も眺望が開けた1階の南側に向かってレイアウト。視覚的にも物理的にもさまざまな工夫を施しました。

「外へ意識を向けるために、天井高を通常より低い2100㎜に設定し、建具を周囲に向けて大きく開け放てるよう設計しています。加えて、室内の天井とウッドデッキの軒下の仕上げを同じツガ材でそろえ、窓のコーナー部分の柱や建具の鴨居など視界を遮りそうな要素を極力設けずに、屋内外の境界のないリビングを目指しました」と野田さんは言います。

そうしてできたリビングは天井いっぱいのガラスの開口を通して、ウッドデッキとその先の景色までが連続的につながります。自然光がさんさんと降り注ぎ、風が抜ける空間はまさに室内のような屋外のような中間領域。イン

撮影：しんめんもく 後藤健治

テリアの仕上げには、カラマツ材やツガ材といった経年とともに味わいが増す無垢材を中心に選び、周囲の景色と調和する温かみを感じられる空間に仕上げています。

開放感をより高めているのが、ワンルームをベースにした間取りです。リビングの北側に隣接するダイニング＆キッチンとの間は、壁や間仕切りを最小限にして、視線が抜けるように。間口は3640㎜、床面積100㎡程度のコンパクトな住まいですが、子ども部屋や寝室が並ぶ2階を含めて、住まいのどこからでも周囲の自然を感じられるようにしています。

季節の変化を告げる山々や田園、庭の草花。ふと見上げると広がる空。ここにしかない雄大な自然に包まれたリビングには、いつも家族の穏やかな時間が流れています。

／DATA／

設計者：ARTBOX建築工房一級建築士事務所／野田大策　施工者：ARTBOX建築工房　所在地：岡山県岡山市　家族構成：夫婦＋子ども2人　主構造：木造　階層：地上2階　竣工年：2018年7月　設計期間：2016年6月～2017年7月　施工期間：2017年8月～2018年7月敷地面積：378.57㎡　建築面積：69.47㎡　延床面積：102.44㎡

3	2
5	4

1

1 建具を開閉するための上枠の鴨居をなくし、天井と軒天を同じツガ材で仕上げ、遠くまで広がる美しい田園風景へ視線が抜けるよう設計。デッキテラス側に配置した構造を支える耐力壁は、ガラス戸や網戸を収納する戸袋を兼ねています。　2 床にはカラマツ材、天井はツガ材を選択。経年変化する無垢材を随所に用いて、自然のぬくもりを感じさせるインテリアに仕上げています。　3 室内側に設けた障子を閉めると和の雰囲気に。　4 手前のダイニング＆キッチンと奥のリビングとの間には、壁や間仕切りを設けずワンルームの空間にすることで住まい全体の広がりをつくり出しました。道路側には高さ800～1725㎜の位置に本棚を造作し、カーテンなどを設けずともプライバシーを確保できるよう配慮しています。　5 外壁もカラマツ材で仕上げたナチュラルな外観。周囲の田園景色に溶け込んでいます。

オープンなLDKの延長上に「アウトドアリビング」と名付けた約17畳もの広さのテラスを配置。室内から桜並木の景色までひとつにつながった心地よい空間をつくり上げています。

CASE 11

憩う

桜並木と室内をつなぐ屋外のリビングルーム

アウトドアリビングの家
〈兵庫県神戸市〉
設計：seki.design

2　1
3

1 リビングルームは吹き抜けを配して開放感のある空間に。周囲からの視線が気にならない高い位置にハイサイドライトを設けて光を奥まで導いています。　2 アウトドアリビングには日差し除けの屋根をかけ、ソファやテーブルを置いて室内と同じようにくつろげるよう計画。街路からの視線を遮る真っ白な壁には、川沿いの美しい桜並木だけを切り取るように開口を設けています。　3 屋内外を連続する意匠で一体感を強調。必要なときにはガラスの引き戸で室内とアウトドアリビングを仕切ることができます。

夏も冬も快適に過ごせる屋根のあるアウトドア空間

戸建住宅が立ち並ぶ住宅街にありながら隣家の視線が気にならず、しかも1年を通してアウトドアを楽しめる。そんな開放感いっぱいの心地よい住まいにオーナー一家は暮らしています。

兵庫の神戸市内で新居のための土地探しをスタートした施主夫妻。そこで出合ったのは、裏手の南西側に川沿いの桜並木道が続き、春になれば見事な桜が咲き誇る絶景のロケーションでした。恵まれた敷地のポテンシャルを生かして、一年中桜並木の存在を感じられる家にしたい。そんな夫妻の希望を受け、建築家の石憲明さんは桜並木に向かってLDKと「アウトドアリビング」と名付けた約17畳の広々としたテラスを配置。大開口を介して室内からアウトドアリビング、桜並木の景色までが連続する住まいを提案しました。

「アウトドアリビングには夏場でも過ごしやすいよう強い日差しや雨を遮る屋根やタープを設け、ソファやテーブルなどの家具を常設しました。ただ眺めるためや、たまにしか使わない庭やテラスではなく、室内と同じようにいつでも快適にくつろげる〝リビング＝新しい外部空間〟をつくることで、屋外空間を有効に活用しています」

居住性を重視したアウトドアリビングには、街路からの視線を遮る壁を配置。同時に桜並木や広大な空を切り取るピクチャーウインドウを設けて、景色を眺めながら家族が思い思いに過ごすことができるようにしています。

こうした外へと自然に誘う工夫は、室内外の素材使いや開口計画にも表れています。たとえばイタウバ材のウッドデッキは室内のフローリングと同じ方向に敷き、天井に施した照明の楕円形の意匠を外まで伸ばして内外のテイストを統一。加えてアウトドアリビングに面した幅3・6m、高さ2・5mの大開口はフルオープンできる仕様にし、床は室内との段差をなくしてフラットに。室内のリビングルームには吹き抜けと空だけが視界に入るハイサイドライトが設けられ、外とはまた違った視点で周囲の景色が楽しめます。

過ごしやすさを大切にした暮らしとともにあるアウトドア空間。それらを居室とシームレスにつなげることで、桜並木を背景にした伸びやかな空間が完成しました。

/ DATA /

設計者：seki.design／石 憲明　施工者：コネクシオホーム　所在地：兵庫県神戸市　家族構成：夫婦（40代）＋子ども2人　主構造：木造　階層：地上2階　竣工年：2017年4月　設計期間：2016年4月〜11月　施工期間：2016年11月〜2017年4月　敷地面積：162㎡　建築面積：65㎡　延床面積：106㎡

撮影：福澤昭嘉

CASE 12

憩う

木造戸建の心地よさをマンションで実現した家

門松の家
〈福岡県糟屋郡粕屋町〉
設計：松本設計

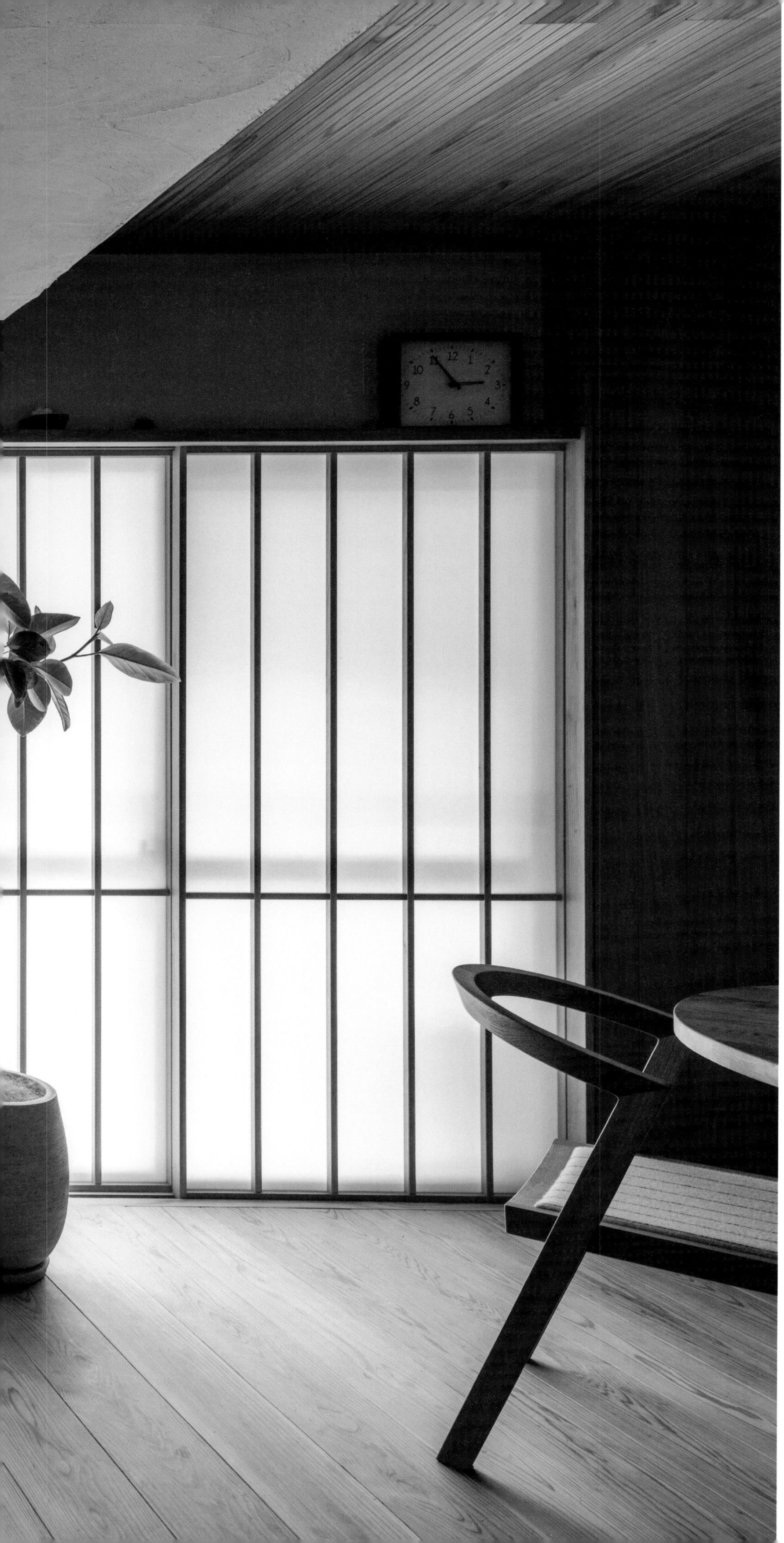

一見ではマンションの一室とは思えない、木のぬくもりあふれるリビングダイニング。国産木材やシラス壁など自然の内装材を活用し、従来のマンションにはない空気感と居心地のよさを実現しています。

3 2 1
5 | 4

1 玄関の扉や外壁を見るとれっきとしたマンション、中に入るとまるで木造戸建。その意外性も楽しい住まいです。　2 ダイニングからつながる和室。火山灰からつくられるシラスを用いて壁と天井を左官仕上げとし、手前のフローリングは杉の無垢材に。畳の小上がりとの相性も抜群です。　3 元の建物の形状を活用して、リビングはこもり感のある空間に。床レベルを一段下げてここだけカーペット敷きにすることで、リラックスして長居できる場所になっています。　4 家の南側の中心にキッチンとダイニングを置き、左右にリビングと和室を振り分けた間取り（写真の手前がリビング、奥が和室）。リビングのソファでくつろいでいる際に目の前や背後を人が通り過ぎて邪魔されることがなく、より落ち着いて過ごすことができます。　5 造り付けの収納や家具を多用し、全体のイメージが統一した上質な空間をつくり出しています。

リビングをあえて「たまり」に設置した理由

木の香り漂う木造戸建のような心地よさを、マンションで実現した家。夫婦と2人の男の子のファミリーが暮らす「門松の家」は、そんなユニークな特徴を持っています。

門松の家が建つのは福岡市近郊の粕屋町。ベッドタウンとして利便性の高い地域です。設計を担当した松本孝充さんは次のように語ります。

「地方とはいえ、都市において新築の戸建住宅はコスト面のハードルが非常に高い。土地代が大きなウエイトを占めて建築に回す費用が不足し、希望どおりの住まいができるとは限りません。手ごろな価格の中古マンションを購入してリノベーションすれば、お施主様が希望する間取りや自然素材を使用した家づくりができると考えました」

完成したのが、施主夫妻の希望のひとつである「自然素材を使ったインテリア」の家。通常木造戸建住宅に用いる国産の杉材や、火山灰を原料とするシラスの塗り壁などを内装材に使用。窓まわりは障子張りにし、リビングダイニングの天井は細割の杉板張りに。和を基調としたシンプルなインテリアデザインとすることで、まるで木造戸建住宅のような心地よさが生まれました。穏やかな木目が特徴のシナベニヤ材のTVボードやキッチンボードなどの造作家具も、場にしっくりと馴染んでいます。

もうひとつ、特にリビングの居心地のよさを生み出しているのが間取りの工夫です。「古くて使いづらい間取りを、動線や使いやすさを考えたものにしてほしい」との施主の希望を受けて松本さんが考案したのが、人が集まるダイニングキッチンを中央に配置し、左右にリビングと和室を振り分ける間取り。リビングは南東の、壁に囲まれた「たまり」に配置しました。これによってリビングのソファでくつろいでいる際に目の前や背後を他の人が通り過ぎることがなくなり、落ち着いて過ごすことが可能に。さらにリビングは床を一段下げ、ここだけカーペット敷きに。こぢんまりとしたスペースですが、それがこもり感を強調し、リラックスした雰囲気をもたらしています。

すみずみまで考え抜かれて完成した住まい。素材の選択や間取りの工夫で、住む人のライフスタイルが変わっても長く愛されるに違いありません。

/DATA/

設計者：松本設計／松本孝充　施工者：Knot建築企画　所在地：福岡県糟屋郡粕屋町　家族構成：夫（40代）＋妻（30代）＋子ども2人　主構造：RC造　階層：4階建ての2階　既存建物竣工年：1995年　竣工年：2020年7月　設計期間：2019年6月～12月　施工期間：2020年1月～7月　専有面積：77.92㎡

artek

憩う

LIVING ROOM

アイデア集

リビングをもっと憩いの空間にしたい?
それなら留意すべきは「居場所」づくり。
視覚に訴えるのもひとつの方法です。

小上がり&窓でつくる憩いの特等席

三角屋根のシルエットに合わせて設計された窓。その窓の手前に広めの小上がりを設置して舞台のような印象的なスペースに。窓まわりだけオーク材張りにし、かわいらしい小屋の中でくつろぐような気分が味わえます。三角窓で切り取られた外の緑、ドレープを寄せたシアーカーテンも憩いの空間の大切な要素です。(クラシスホーム)

現代のマンションで再現する 懐かしい和の空間

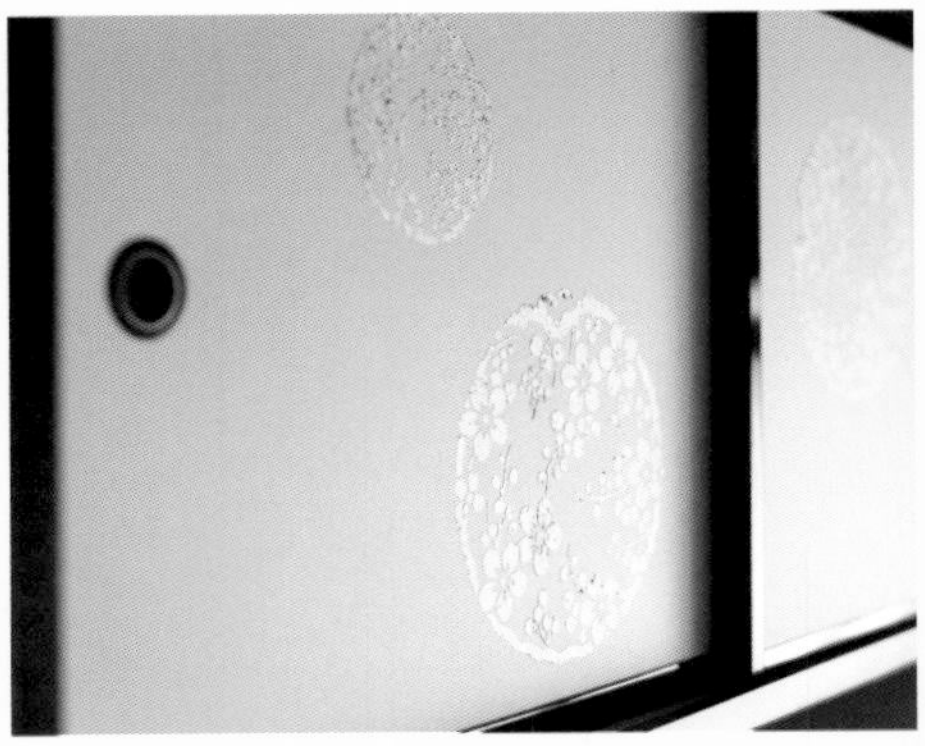

どんなに生活が洋風になっても、やっぱり和の空間はほっと落ち着きます。写真のリノベ事例では、古い和の建具を再利用したり、収納に京からかみのふすま紙を貼ったり、床や畳の小上がりにつややかな塗りを施したりと随所に工夫を凝らし、現代の建築であるマンションで昔の和の雰囲気を演出しています。コントラストが効いた色使いもポイント。(ブルースタジオ　撮影：千葉芳敬)

暖炉の炎を眺めて
癒やしのひとときを

炎のゆらめきには癒やしの効果があります。日本のコンパクトなリビングにも適したスタイリッシュな暖炉は、ローテーブルとしても使用できるすぐれもの。ソファに収まって炎を眺めれば、あまりの心地よさに離れられなくりそうです。環境に優しいバイオエタノールを燃料としています。（暖炉：Manhattan 50／EcoSmart Fire）

ピットリビング＋αで
床に座ってくつろぐ

床の高さを一段下げたピットリビングは、それだけでくつろぎの効果をもたらします。加えて下げた床部分だけをカーペット敷きにすることで、いっそうリラックスできる環境に。思わずごろりと横になってしまいそう。優しいグレー系でまとめたインテリア、窓辺のベンチもくつろぎを演出します。（[a]　撮影：小林久井）

ソファはもういらないかも!?
窓際ベンチで
まったりまどろむ

リビングの壁2面に沿ってベンチを造作した事例。さながら家の中の縁側といった風情で、並んでお茶をしたり寝っ転がったり。ベンチ下は収納になっており、余計なものを片付けてすっきりした空間で過ごせます。ソファがなくても十分くつろげるので、部屋の面積があまり大きく取れないときにも有効なアイデア。(ワンズホーム)

置き畳を活用して
洋室でも和の床生活を

フローリングの上に置くだけで、簡単に和の空間がつくり出せる置き畳。寝っ転がったりちゃぶ台を置いてお茶をしたりと、和みのスペースをつくれます。洋室に置くなら縁がないプレーンなタイプがおすすめです。ラグの代わりに一組用意しておくといいかもしれません。(ウッドブラインド：ベネウッド50T/トーソー)

PART 4 / LIVING ROOM

もてなす

人をもてなすのが大好きなら、
ゲストのためのリビングづくりにトライ。
大切なのは、ゲストが居場所に迷わないこと。
食卓を中心に考えるのも一案です。
訪れた人を驚かせるような
楽しい仕掛けのアイデアも紹介します。

CASE 13
もてなす

家開きで人とつながるリビング中心の間取り

ヨヨギノイエ
〈東京都渋谷区〉
設計：swarm

大勢で集まる〝シェア〟を前提にした設え

祖父母から受け継いだマンションの一室をリノベーションした建築家の日高海渡さん。ここを仕事場兼自宅として活用しています。4LDKの既存の間取りは100㎡ほどの広さがあり、奥行きが20mの長屋のようなつくり。長手方向の南側に沿って窓が並び、自然光がたくさん入る開放的な空間を独り占めしてしまうのはもったいないと感じた日高さん。仕事の打ち合わせやホームパーティーなど、人が訪れることを前提にした住まいを設計しました。

「とにかくフレンドリーな家にしたかったんです。一般的なマンションのように玄関正面に廊下が伸びるつくりではなく、家の中心であるリビングとダイニングが同時に見える間取りにしました。リビングには大人数が座れるデイベッドを設けたり丸テーブルを囲む座り心地のよいラウンジチェアを置いて、人が集いやすい場にしています」

中央のオープンなリビングルームはどの部屋からもアクセスしやすく、自然と人が集まってきます。一度に大勢の人を招いても、ひとつの空間の中で思い思いに過ごすことができます。

こうしたプランニングの工夫とともに、多様な家具や雑貨が映える空間づくりも意識しました。たとえば、天井はコンクリートを露出させ、モルタルや木材、白壁、金属などの素材を選択。あえて統一感を持たせず、さまざまな色や質感の素材を取り入れることで、異なるテイストを迎え入れられるラフな雰囲気に仕上げました。グレーが基調のニュートラルな空間を背景に、幼少期を過ごしたパキスタンの絨毯や家具、世界各国の民芸品など味わいのあるアイテムが随所に置かれ、心地よいくつろぎの空間になっています。

特に気に入っているというのがリビングルームの窓辺にあるデイベッド。大学時代に窓の研究を行うなど常々窓辺に関心があった日高さんは、居場所のひとつとして横になれるワイドなデイベッドを造作。大切に育てているウンベラータが大きくなり、寝転がると葉っぱがちょうどパラソルのような日避けに。お昼寝に最適なのだそう。

人を招いても心地よく、ひとりでも伸び伸びと過ごせる。家の概念に縛られない自由な住まいが、暮らしを、そして人生をより豊かにしてくれます。

/DATA/
設計者：swarm／日高海渡　施工者：todo　所在地：東京都渋谷区　家族構成：1人暮らし　主構造：RC造　階層：7階建ての2階　竣工年：2017年7月　設計期間：2016年12月～2017年5月　施工期間：2017年5月～7月　延床面積：102㎡

築50年のマンションの一室をリノベーションした建築家の日高海渡さん。友人や仕事の来客など多くの人を招いてくつろいでもらうために、リビングにはたくさんの座る場所を用意しました。

5	2	1
6	4	3

1 リビングの窓辺には大人数が座れるデイベッドを造作。ウンベラータの葉が日除けになり、ちょうどいい昼寝場所にもなります。 2 リビングに隣接するオープンストレージは、天井、壁、床を白く塗装して他スペースと区別。パキスタンの絨毯や世界の民芸品などをディスプレイしています。 3 オープンストレージからリビングと奥のダイニングキッチンを眺めた様子。20mほどある奥行きや南側に並んだ開口を生かして、緩やかにつながる開放感いっぱいの間取りに変更。 4 リビングの壁沿い一面はディスプレイ棚も兼ねる本棚に。奥にある寝室や浴室などのプライベートスペースは、リビングと区別するために床を一段上げています。 5 玄関正面の右手にあるダイニング。左のコンクリートの壁の向こうがリビングです。普段はワークスペースとしても活用していますが、テーブルを囲んで友人たちと過ごすことも多いそう。窓辺にずらりと並んだワインボトルの空き瓶がここを訪れた人の多さを語っています。 6 ダイニングの木製棚を彩るさまざまなアイテム。仲間たちと飲んだワインボトルのコルクも思い出を感じる素敵なオブジェに。

天井高約5.3mの吹き抜けを貫くように、白いらせん階段が大胆に躍動するLDK。壁沿いに設置した家具のようなキッチンで料理をしながら、ゲストと楽しくおしゃべりも。

CASE 14
もてなす

ダイナミックな大階段がゲストを迎える舞台に

Stir
〈東京都目黒区〉
設計：御手洗龍建築設計事務所

優雅ならせん階段がインテリアの主役にも

細い路地の突き当たりで、ひときわ存在感を放つ真っ白な外階段。緩やかなカーブに導かれるように2階へ上ると、そこがこの住まい「Stir」の玄関です。ガラス扉の先に続くのは、吹き抜けの大空間に天井までの大きな窓を設けた明るく開放的なリビングダイニングキッチン。なによりも印象的なのは、アプローチから連続して室内の中央を蛇行するらせん階段です。

施主の夫妻が特にこだわったのは、ゲストをもてなす広々としたリビングルームとルーフテラス。休日にはよくホームパーティーを開き、2階のリビングや4階のテラスで楽しいひとときを過ごします。人を招いたとき、どこにいても人の気配が感じられ、そしてゲストが3階のプライベートスペースを通ることなくリビングとテラスを行き来できるプランを求めていました。そんな要望を踏まえて建築家の御手洗龍さんが提案したのが、幅約90㎝のダイナミックな大階段だったのです。

「路地の延長として、建物の中を通り抜ける動きを持った階段をイメージしました。リビングの大きな窓からは隣接する高架線路や幅員20mの道路が目前に見えるため、都市の大きなスケール感を取り入れたいとも考えました。一方で、大きなものを内部に持ち込むことで日常生活を営むスペースが圧迫されないよう、細かくバランスを調整しています」と御手洗さん。

吹き抜けを上昇する白いスチールの階段は、リビングを彩るアート作品のよう。訪れたゲストは、その下のソファやダイニングテーブルで思い思いにくつろぎます。座る場所によって見上げる階段の高さが異なるため、さまざまな印象の居場所を生み出してくれます。階段に腰掛けたり、写真を撮ったりして楽しむ友人も多いそう。上階へと移動するにつれて変化する景色も面白いとか。

3階では階段から分岐した廊下の奥に寝室を設け、手前には扉をラワン材で統一して壁の一部のように仕上げた収納やトイレ、バスルームを配置。オープンにつながりながらも、ゲストがプライベートスペースの存在を感じることはありません。夫妻の要望や実用性をかなえながらも、暮らす楽しみ、そしてもてなす楽しみがあるリビングルームが生まれました。

/DATA/

設計者：御手洗龍建築設計事務所／御手洗龍　施工者：イケダ工務店　所在地：東京都目黒区　家族構成：夫婦（40代＋30代）　主構造：鉄筋コンクリート造　階層：地上4階　竣工年：2018年8月　設計期間：2017年5月〜11月　施工期間：2018年1月〜8月　敷地面積：74.01㎡　建築面積：53.78㎡　延床面積：146.57㎡

4　1/2/3

1 3階では階段の踊り場から寝室への廊下が分岐。ゲストは3階に立ち寄ることなく2階から4階のテラスへとアクセスします。左手に並ぶ扉は奥からバスルーム、収納、トイレに続きます。　**2** 階段は生活の中で頻繁に行き来することを考え、幅、蹴上げ、踏面すべてをゆったりとしたサイズに。3階から4階へ進むと両側から壁に挟まれて暗くなり、その後テラスで視界が開けます。　**3** 敷地南側の前面道路では、緩やかにカーブする白い外階段が迎えてくれます。　**4** 北側には天井までの大きな窓を設け、高架線路を眺める大胆な構成に。夫妻が集めた家具や旅先で購入した小物などが、コンクリートの空間に柔らかな表情を添えます。

撮影：中村 絵

CASE 15
もてなす

大きな軒下空間に〝拠り所〟を散りばめる

1＋house
〈大阪府泉南市〉
設計：建築設計事務所SAI工房

家族やゲストが自然と集う大空間リビング

周囲に田園風景が残る大阪府泉南市の住宅街。敷地からは、大阪と和歌山の県境に位置する和泉葛城山が眺望できます。その伸びやかな環境にふさわしい、おおらかで広がりのある住まいが「1＋house」です。

ここに暮らすのは、夫妻と3人の子どもたち。親戚や友人などゲストが多いため、大人数で集える広いリビングルームを求めていました。建築家の斉藤智士さんはその要望と敷地の環境を踏まえて平屋を計画。まずは全体を覆う水平な屋根を広げ、大きな軒下空間をつくることに。「屋根は法規に基づきながらできるだけ高く設定し、軒下に1・5層分のボリュームを確保しました。そこに、天井が高く開放的なLDK、ロフトのある子ども部屋、軒のあるテラスなどを配しています」。

住まいの中心となるリビングルームは、夫妻や子どもたち、ゲストが口をそろえて「居心地がいい」と言います。それは、斉藤さんが多様な〝拠り所〟を用意しているから。「家具や床の仕上げによって、大空間の中に座れる場所、立ち話できる場所、勉強できる場所、寝転べる場所、外を楽しめる場所といった異なる性質をつくりました」。たとえばダイニングの脇には椅子代わりになる小上がりを設け、リビング側からも腰掛けられるように。この小上がりは窓辺のデスクの椅子にもなります。床はフローリングを基本としながら一部をテラスと連続させたモルタル仕上げにし、空間を緩やかにゾーニングしています。ここでは大空間の中でつながりを感じながら、それぞれにお気に入りの居場所を選び、食べたり遊んだりおしゃべりしたりといろいろな活動ができます。だからこそ居心地がよく、人が自然と集まるのでしょう。

また、ゲストがいつ訪れてもいいように、LDKに生活感を出さない配慮も。寝室やバスルーム、クローゼットは建物の北側半分に集約しているため、家事もスムーズに行えます。

「リビングは従来の家族がくつろぐ場としての役割だけでなく、多様な営みを許容する場である必要があると思っています」と斉藤さん。そんな考えを体現したもてなしのあるリビングルームが、日々の暮らしをより楽しいものにしてくれます。

／DATA／
設計者：建築設計事務所SAI工房／斉藤智士　施工者：池正　所在地：大阪府泉南市　家族構成：夫婦（40代）＋子ども3人　主構造：木造　階層：地上1階　竣工年：2019年8月　設計期間：2017年9月〜2018年12月　施工期間：2019年1月〜8月　敷地面積：541.08㎡　建築面積：131.12㎡　延床面積：112.62㎡

1.5層分の天井高を確保した伸びやかなLDK。さまざまな人の行動を意識して小上がりやデスクを設けることで、家族やゲストが好きな場所でくつろぎながらつながれる空間をかなえました。

2 / 3 / 4　1

1 平屋の住まいの南側半分をLDKとし、天井に現した小梁やフローリングの木材と、壁やモルタルのグレーですっきりとまとめました。モルタルの床が伸びる写真の奥が玄関。リビングの開放感やテラスへの広がりを強調するため、玄関の天井高はあえて低く設定しています。　2 LDKから連続するテラスには深い軒がかかり、雨を気にせず外に出ることができます。床のモルタルも室内外をまたいで連続させており、窓を開け放てばひとつながりに。　3 プライベートエリアである建物北側。子ども部屋はロフト付きで個々に3部屋用意。成長過程に応じて使い方を変更できるよう、引き戸で仕切っています。　4 ファサードは上下に分割し、下部は目隠し塀にしてプライバシーを確保。上部を開放したり窓を設けたりすることで、眺望や光、風を住まいに取り込んでいます。向かって左側がLDK、右側がプライベートエリア。

撮影：山内紀人

コンパクトな空間の中、調理台とテーブルが一体となったカウンターが存在感を放つLDK。料理をしながらおしゃべりしたり、床を一段下げたリビングで車座になってくつろいだりと、訪れたゲストと親密な交流が図れます。

CASE 16
もてなす

ホストとゲストの境をなくす カウンターが主役のLDK

Y's KITCHEN
〈東京都港区〉
設計：shushi architects

親密な雰囲気をもたらす設計と素材の工夫

「住居でありながら人が集えたり仕事ができたりする公共的な空間」。建築家の吉田周一郎さんと石川静さん夫妻が数年間暮らしたマンションの一室をリノベーションする際に設けたテーマです。それを象徴するのが、玄関を開けてすぐ、LDKの中央に設置された調理台とダイニングテーブルからなる全長5・8mのキッチンカウンター。住まい全体の面積が56㎡と決して広くはない中で存在感を放っています。その意図を吉田さんは話します。

「人を招くのが好きなのですが、なぜかリビングよりキッチンのまわりに人が集う経験をしてきました。食と会話の中心にはキッチンが欠かせないと考え、キッチンカウンターを中心としたLDKを計画したんです」

調理台とテーブルをシームレスにつなげることで、料理をする人と席に着くゲストが無理なく交流できるように。さらにキッチンの床を15㎝下げて、互いの目線の高さがそろうようにしています。アイランド型にすることで回遊性が生まれ、おしゃべりをしながら料理を手伝うといった動作もごく自然に行えます。このカウンターは食事以外にも、仕事をしたり家事をしたりと多目的に活用しているそう。

カウンターの対面にあるのが、造り付けのソファをL字に組んだリビングです。こちらも床を20㎝下げて、段差に腰掛けられるようにしました。家族

撮影：ナカサアンドパートナーズ

やゲストがほどよい距離感で車座になって話したりくつろぐことができます。全体照明は用いずにコーナーのペンダントライトとスポット照明のみで空間を照らし、自然の夕暮れの中にいるような安心感をもたらしています。

内装の素材にもこだわりが見られます。コンクリートの躯体に無塗装のラーチ合板やパイン突板の建具、艶消しのタイルをあしらい、床はオークの無垢材。こうした自然素材が隣接する学校の木々の緑とも調和し、心地よい空気が生まれています。「同じ頃に訪れたジェフリー・バワ設計のルヌガンガに少しだけ影響を受けているかもしれません（笑）」と石川さん。確かに、バワ建築の自然の要素を取り込んだ親密な雰囲気と似た空気が感じられます。ゲストとの距離がもっと近くなるような、親密さにあふれる住まいです。

/ DATA /

設計者：shushi architects／吉田周一郎、石川静　施工者：ビルドデザイン　所在地：東京都港区　家族構成：夫婦（40代）　主構造：RC造　階層：7階建ての2階　既存建物竣工年：1978年　竣工年：2015年4月　設計期間：2014年9月～2015年1月　施工期間：2015年1月～4月　専有面積：56㎡

4　2/3　1

1 ダイニングスペースから床を20㎝下げて、段差に腰掛けられるようにしたリビング。L字に組んだソファと合わせて囲みになり団らんを楽しめます。カウンターとの距離も近く、互いの交流も容易に。印象的なチェッカーガラスの棚は既存の家具を再利用したもの。反対側に位置する窓のない寝室に光と風を届ける役割も果たしています。　2 ステンレスの調理台とシームレスに続くモルタルのカウンター。調理する人と席に着く人の目線の高さが合うように、キッチンスペースも床を下げました。調理台の上部には食器を乾燥させる棚を兼ねた照明器具を設置。照明器具の熱で食器の乾燥もできるというすぐれもの。　3 LDKの壁一面は大容量の収納で、見せたくないものもすっきり片付けられます。　4 壁と天井の仕上げに用いたのは個性的な木目のラーチ合板。コンクリートの躯体とはラフな雰囲気が相性抜群。照明はすべてこの家のためにオリジナルで製作したものです。

もてなす

LIVING ROOM アイデア集

ゲストが居心地よく過ごせることが
人をもてなすリビングには必須条件。
特別感のある席づくりもGOOD。

まるで茶室への誘い。おこもり空間へようこそ

リビングの一角に和室を設ける例はよく見られますが、ここで一工夫。何も仕切らずオープンにしたりふすまで仕切るのではなく、和紙調のプリーツスクリーンで御簾のように仕切るアイデアです。ゲストを迎え入れれば、そこが茶室のような特別な空間に変わります。（プリーツスクリーン：しおり25チェーン／トーソー）

リビングダイニングの中央に据えた、IHコンロを囲むようにつくられたコの字型のカウンターテーブル。友人とおしゃべりしながら料理して、できたてをすぐに振る舞えます。カウンターとIHコンロの高さをそろえることで、料理しながら食事したり、作業台として拡張したりとシームレスに使用可能。（エイトデザイン）

コンロ一体型テーブルでできたてをすぐサーブ

レストランやカフェのよう。
視線まで計算して設計

レストランかと見紛うような壁一面のソファベンチとカフェテーブル。普通の住まいのダイニングを、人をもてなすために大胆に変えてしまったアイデアです。すぐそばにはオープンなキッチンがあり、料理もすぐにサーブ可能。ソファ側の壁は小さい子ども連れのゲストに配慮して、汚れが落ちやすい黒板仕様のクロス張りに。ソファベンチからは反対側の壁に掛けたアートが目に留まるよう視線にも配慮。(ゼロリノベ)

どこに座ってもOK！
多彩な席で迎えます

大人数のゲストを受け入れられるよう、多彩な居場所を用意したロースタイルのリビングルーム。複数のクッションを並べた窓際と壁際のベンチ、床には座布団、種類の異なる椅子が並ぶ様子も楽しげです。中央の大きなローテーブルには大皿料理が似合いそう。全体がウエルカムな雰囲気に満ちています。([b]　撮影：米谷享)

遊牧民が車座になって集うように、ロースタイルのリビングでゲストと一緒にくつろいでみては？　ラグを重ねたりプフやクッションを置いて、床の上でもくつろげる場所を増やしています。植物やモビール、ライトの飾りで気分がより盛り上がります。（ウッドブラインド：ベネウッド50T　ブラックバー：ハンギングバーH-1／トーソー）

気分は遊牧民、それともグランピング？親密度が増す床のあしらい

PART 5

彩る

LIVING ROOM

リビングを彩る、それは当たり前のこと?
でも明確なテーマや目的を持って彩られた空間は
こんなに素敵。暮らしも豊かにしてくれます。
内装材や家具に凝ってみたり
たくさんのグリーンや景色を彩りにしたりと
ユニークな工夫のリビングをのぞいてみましょう。

CASE 17
彩る

名作が輝き家族をつなぐ「白＋α」の壁の家

TERADA HOUSE
〈東京都杉並区〉
設計：寺田平手設計

傾斜した壁と天井、近未来的な照明、そして家具のビビッドな色彩で彩られた寺田家の2階LDK。ここだけ壁がイエローに塗装されたロフトでは、現在日本に数台しかないというヴェルナー・パントンの名作ソファ「リビングタワー」が存在感を放っています。

楽しさと温かみに満ちたフューチャリスティックな空間

玄関から階段を上がった先に広がる、巨大な傾斜壁のある吹き抜けのLDK。その中には色鮮やかな赤やオレンジ、白色の名作家具が並びます。SFの近未来なイメージを抱かせるこの家に暮らすのは、建築家でありデザイナーの寺田尚樹さんと妻、長女、両親の5人家族。1階が親世帯、2、3階が寺田さん一家用の二世帯住宅です。

「1960年代頃に思い描かれていた、キラキラとした明るい未来のムードが好き」という寺田さん。自身で設計を手がけた家のテーマを聞くと「友人とのカジュアルなコミュニケーションの場」と答えてくれました。料理好きで、よく友人知人を招いて料理を振る舞うそう。すぐ近くに住む妻の父親や1階に暮らす両親を呼んで家族全員で食事をすることも多く、「みんなが集い楽しく過ごせる空間にしたかった」と言います。

その言葉を裏づける一例が一見真っ白な壁と天井。実はほとんどが温かみのあるグレーで塗られています。「すべてを真っ白な壁や天井にすると美術館のようで、空間に緊張感が出てしまう。だから傾斜壁を除いて色をつけました」。家具も自分が好きなデザインという理由だけで選んだのではありません。大勢が囲みやすいテーブルや可変性の高いモジュールソファ、カラフルな色使いなど、過ごしやすさや楽しさを考慮したものです。

撮影：小林久井

1 この家のためにデザインした「ミッフィーソファ」は、同サイズのブロックを自由に組み合わせてベルトで留めるモジュール家具。名前の由来はバツ印のベルト通し。 2 約3.5m幅の大開口を介して室内とシームレスにつながるテラス。ゲストとともに楽しく過ごします。 3 模型は趣味のひとつ。完成品を飾るスリット棚を自身の目の高さに設けました。「棚のラインを水平線に見立て、海に浮かぶ船を眺めている気分になれます」。 4 エーロ・サーリネンの「オーバルテーブル」と「チューリップチェア」のダイニング。どの角度からも座りやすい一本脚のテーブルは大人数で囲むのに最適。楕円形で中央に手が届きやすいのもセレクトの理由。 5 傾斜壁を挟んでLDKに隣接する水まわり。白タイルのグリッドが鏡で強調され、SF映画の一場面のよう。 6 収納はUSM「ハラーシステム」で統一。長女が好きで見かけるたびに買い求めたチンアナゴのぬいぐるみを、旅先で見つけた貝殻や石ころなどと一緒に飾って水槽のように見せています。

寺田さんには家具の輸入商社の社長としての顔もあり、「よいものは使ってこそ価値がわかるから、多くの人に名作と呼ばれる家具に触れてほしい」と語ります。そこで家具のサブスクリプションサービスを開始。この家の家具の多くもサブスクを利用しています。「家を建てる際は費用的にどうしても家具が後回しになりがち。でも建築と家具は一緒に考えてこそよい空間になると思っています」。

屋根の頂点から斜めに建物を貫く壁にも見た目のインパクトだけではない理由が。LDKと各世帯の個室に接しており、どこにいても家族が互いのつながりを感じられる役割を果たしているのです。ここにもコミュニケーションを大事にする意図が隠されていました。建築とモダンファニチャーがそれぞれ意味を持ち共鳴し合うリビングで、家族は今日も楽しく暮らしています。

/DATA/

設計者：寺田平手設計／寺田尚樹、平手健一　施工者：ジェイホームズ　所在地：東京都杉並区　家族構成：夫婦（50代）＋子ども1人＋祖父母　主構造：木造（一部RC造）　階層：3階　竣工年：2021年8月　設計期間：2018年1月～2020年5月　施工期間：2020年5月～2021年8月　敷地面積：128.46㎡　建築面積：63.80㎡　延床面積：177.16㎡

CASE 18

彩る

植物と自然素材が彩る森のようなリビング

東琵琶湖の家
〈滋賀県彦根市〉
設計：COLOR LABEL DESIGN OFFICE
/殿村明彦建築デザイン研究所

木漏れ日の下で過ごす豊かな日常

素朴な杉板張りの外観が、周囲の豊かな自然に馴染む「東琵琶湖の家」。陰影が濃い玄関ホールを抜けてリビングルームへ入ると、数々の植物で彩られた明るい空間が広がります。吹き抜けの上部から差す太陽の光は美しい木漏れ日となり、まるで森の中に足を踏み入れたようです。

まだ幼い子どもたち2人とこの住まいに暮らす夫妻は、植物とヴィンテージ家具が大好き。もともと住んでいた戸建ての住まいをフルリノベーションする際に望んだのは、植物とこれまで集めてきた家具が調和する住まい。さらに、使い込むほどに味わいが深まり、完成時よりも魅力が増す空間を求めていました。

そこで建築家の殿村明彦さんは「家にいながら自然の中にいる感覚」が得られるリビングを目指すことに。植物の迫力を出すためにあえて屋根の高さを抑え、1階の天井高は2100㎜と低めに設定しています。そして太陽の光が上部から入るよう、高い位置に窓を配置。これらにより天井近くまで届く植物が木陰や木漏れ日をつくり、森でくつろぐように過ごせる心地よいリビングを生み出したのです。

室内で自然を感じられるのは、植物の力だけではありません。「自然界にはさまざまな色があり、太陽や月の光によってもその色が変わります。だから単純に白い壁に仕上げるのではなく、いろんな素材を使ってもいいのではと思い、自然界を表す無垢材や土でできたタイルを取り入れました」と殿村さん。リビングだけでも床はチーク材、壁は茶色と鉄《くろがね》色のタイル、足場板、パイン材羽目板、珪藻土、天井はシナベニヤ、レッドシダー材と、自然素材を中心に多様な素材を使用しています。

これだけの種類を使用すると通常はうるさくなりがちで、殿村さんにとっても新たな挑戦だったといいます。しかし、色のトーンを合わせながらバランスを図ることで、落ち着きのある柔らかな空間が生まれました。自然素材は使い込むほどに味が出るものが多く、夫妻が求める雰囲気にもぴったりです。

「好きなものに囲まれて暮らすことができて幸せ」と夫妻。年月を経て、住まいそのものがヴィンテージへと変化した姿を見るのもとても楽しみです。

/DATA/

設計者：COLOR LABEL DESIGN OFFICE/殿村明彦建築デザイン研究所/殿村明彦　施工者：非公表　所在地：滋賀県彦根市家族構成：夫婦(40代)＋子ども2人　主構造：木造　階層：地上2階　竣工年：2020年2月　設計期間：2019年1月～5月　施工期間：2019年6月～2020年1月　敷地面積：381.93㎡　建築面積：128.80㎡　延床面積：163.135㎡

既存の勾配天井を利用した吹き抜けのリビングルーム。土をイメージしてセレクトした茶色のタイルを背景に背の高い植物を配し、自然に包まれるように過ごせる空間をかなえています。

撮影：川島英雄

4
5
7 | 6

1
3 | 2

1 床のチーク材、壁の足場板やパイン材羽目板など味わいある木材が使われた室内に、ヴィンテージのソファやサイドボードがしっくりと馴染みます。壁の木材は張り付ける前に雨風にさらして風合いを出しています。「ヴィンテージな空間なので、植物の葉に霧吹きをする際に床に水が落ちて染みになってもあまり気にならないのもいいところです」と施主夫妻。　2 施主夫妻愛用の家具に合うよう、照明器具もヴィンテージのものを探して取り付けています。　3 吹き抜けを介してリビングとつながる寝室。どこにいても家族間のコミュニケーションを取りやすいうえに、空調面でも上下階の温度差がなく過ごしやすいそう。　4 階段はスチールで造作してあえて軽やかな印象に。木材やタイルなど自然素材とのバランスが絶妙です。　5 ダイニングの天井高は2100㎜に抑えることで、植物の迫力を出し、リビングの開放感を強調しています。　6 外観から、吹き抜けの高い位置に窓が並んでいることが分かります。　7 ダイニングの天井にもヴィンテージテイストのタイルを張ってアクセントに。

CASE 19

彩る

屋内外の「美しいもの」で彩られた暮らし

桜並木のワンルーム住宅
〈東京都町田市〉
設計：Inoue Yoshimura studio Inc.

玄関土間とひと続きになったインナーテラスのようなリビング。ランダムに配置された窓が外に広がる桜並木や公園の緑を切り取り、棚の本やオブジェとともに空間を彩ります。

本棚に囲まれた桜のピクチャーウインドウ

東京の町田市にある2階建ての木造住宅に、大工の夫とインテリアコーディネーターの妻が暮らしています。互いに施工と内装を担当するなど、念願だった家づくりに深くかかわりながら、理想の住まいをつくり上げました。

「大きなLDK」「インナーテラス」「遊び心のある空間」など、それぞれに希望やこだわりがあった夫妻。その中でも絶対に外せなかった条件が、家にいながら前面道路沿いの桜並木や目前に広がる公園の緑を楽しめることでした。

設計を担当したイノウエヨシムラスタジオの井上亮さんと吉村明さんは、建坪30坪強と限られた広さの中で、施主の要望を集約しつつ外と連続する広々とした空間をつくり出すことに注力。1階のLDKは個室のある2階の床を上げることで天井高を3・5m確保する一方、2階はこもり感のある空間に。上下階をスキップフロアでつなげ、家全体が仕切りのないワンルームのプランを提案しました。

そうして完成した住まいでは、どこにいても視線が奥まで抜け、それぞれの居室から違った風景が楽しめます。特等席はインナーテラスのような開放感満載のリビングルーム。玄関を入ってすぐ正面に続くこの場所は、床を玄関土間と同じダークグレーのタイルで仕上げ、公園の延長のような半屋外の雰囲気に。異なる方角に向かってランダムに設けられた大小の窓が、桜並木や木々の緑など外の景色を美しく切り取っています。

「大きな開口部をひと続きに設けるのではなく、個々に散らばるように配置することで、外部と内部との連続感が出るようにしました。桜並木側にはあえて壁一面を本棚にし、その一部を開口にすることで、窓をより印象的なものにしています」とイノウエヨシムラスタジオの2人は言います。

天井いっぱいの大きな本棚に囲まれた窓辺では、ベンチのように腰掛けて読書を楽しむこともあれば、外の景色をのんびりと眺めることも。春は桜、秋は紅葉と四季折々に姿を変える樹木。そして一日を通して変化する木漏れ日もこの空間の醍醐味のひとつ。日々繰り広げられる日常の風景そのものがまるで絵画のように、アートや小物を飾った本棚とともにリビングルームに彩りを添えています。

2 1
4 3

1 南東の角地、前面道路から2mほど上がった敷地。すぐそばに見事な桜並木が続く絶好の立地です。　2 天井の高さが3.5mほどある開放的なLDK。リビングとダイニングキッチンの床にわずかな段差を設けると同時にタイルとフローリングに張り分けて、大きなワンルームを緩やかにゾーンニングしています。天井まである大きな本棚は大工の夫が組み上げ、インテリアデザイナーの妻が塗装したもの。2人のお気に入りの本や雑貨が空間を彩ります。　3 オープンキッチンからもリビングを介して外の景色が眺められます。
4 スキップフロアでつながった1階のLDKと上階。上に進むにしたがってこもり感のある空間になるよう設計しています。

／DATA／

設計者：Inoue Yoshimura studio Inc.／井上亮、吉村明
施工者：坂牧工務店　所在地：東京都町田市　家族構成：夫婦＋子ども1人　主構造：木造　階層：地上2階　竣工年：2018年12月　設計期間：2017年12月〜2018年6月　施工期間：2018年6月〜12月　敷地面積：140㎡　建築面積：56㎡　延床面積：108㎡

撮影：渡邊聖爾

道路に面して温室のようなインナーテラスを設けたリビングルーム。生い茂る植物の緑や、ダイナミックなラインを描く木の梁、自然素材の内装で彩られ、室内にいながら外でくつろいでいるような気分にさせてくれます。

CASE 20

彩る

屋外の要素で彩られた楽しい住まい

木元さんの家〈東京都練馬区〉
設計：一級建築士事務所 ニコ設計室

暮らしを彩り緩衝帯にもなるインナーテラス

「温室みたいな空間が家の中にあって、たくさんの植物を育てたり眺めたりして暮らしたい」。施主の木元さん夫妻が以前から憧れていたのは、大好きな観葉植物と共存できる住まいでした。

その思いが反映されているのが、植物が彩るインナーテラスと隣接するリビングルームです。2階建ての住まいの中で一番日当たりがよい2階南側に、植物のためのインナーテラスを用意。スチールサッシのガラス窓で囲い、高い天井に天窓も設けて、太陽光に満ちた温室のように仕上げています。以前はマンションの一室で育てられていた植物も、ここに来てぐんぐんと枝葉を伸ばしているそう。

「ここに並ぶ植物は、敷地の南側に通る道路からの視線を遮る役割も果たします」と話すのは、設計を手がけた建築家の西久保毅人さん。大きな窓が密集した住宅街の中で周囲への抜けをつくると同時に、植物がカーテン代わりとなりプライバシーを守っています。

リビングとの間にはガラス戸を設けていますが、開け放てばインナーテラスもリビングの一部に早変わり。床はモルタルとナラ材フローリングで切り替えているものの、壁はあえてモルタルを連続させているため、ひとつながりに感じられます。「どちらも室内ではあるのですが、積極的に屋外っぽい素材を使って室内外の境界を曖昧にしています」と西久保さん。ソファにも

撮影：西久保毅人

4 | 2 | 1
6 | 5 | 3

1 インナーテラスに並ぶ植物を目前に眺められるリビングルーム。室内なのに屋外で過ごしているように感じられます。屋外の雰囲気を出すと同時に水やりや手入れがしやすいよう、インナーテラスの床はモルタルで仕上げています。　2 インナーテラスの下階には園芸用品やキャンプ用品を収納した納戸が。ダイレクトにアクセスできる階段があるので、植物の手入れもスムーズです。　3 スチールサッシのガラス窓が目を引く南側外観。外部からはリビング内の様子は見えません。庭に植物を植える地面をできる限り確保するため、1階の外壁を三角形にしています。　4「く」の字を描くようにつながるLDK。左手の壁はモルタルで仕上げてインナーテラスと連続させるほか、右手はパープル、キッチンの天井はグリーン、奥の和室の壁は和紙で仕上げ、表情豊かな空間を実現しました。　5 キッチンの壁はモノトーンのモザイクタイルを張って他とは異なる印象に。　6 ワークスペースとして使用しているキッチン奥の和室。複数の和紙を張って仕上げた壁がユニーク。

たれたりテレビを見たりと家の中でくつろいでいるのに、屋外にいるかのように感じられるユニークなリビングが実現しました。

　植物とともに伸びやかな雰囲気をつくり出しているのが、天井に連続するダイナミックな木の梁。緩やかにつながるインナーテラス、リビングダイニング、キッチンの奥行き感が、リズムよく並ぶ梁によってより強調されています。さらに目を引くのは豊かな色彩の組み合わせ。DIYでムラを出してペイントしたグリーンの天井やパープルの壁、ブルーとイエローのソファなど、ややトーンを抑えたカラフルな色彩が植物や木の空間に調和しています。「ステイホームの期間中も、外にいるようなゆったりとした気持ちで過ごせました」と夫妻。植物と自然素材、色で彩られた楽しく心地よい住まいです。

/DATA/

設計者：一級建築士事務所 ニコ設計室／西久保毅人、吉本脩佑　施工者：宮嶋工務店　所在地：東京都練馬区　家族構成：夫婦（40代）＋子ども1人　主構造：木造　階層：地上2階　竣工年：2020年5月　設計期間：2018年11月〜2019年7月　施工期間：2019年7月〜2020年5月　敷地面積：103.59㎡　建築面積：51.42㎡　延床面積：110.56㎡

シンプルな空間を彩る
ギャラリーウォール

ナチュラルな色みでまとめたリビングのインテリアに彩りを与える、壁一面のアート。ここではインテリアに合わせてニュートラルなカラーのアートを多く集めています。ギャラリーウォールの中心が145㎝くらいの高さになるように意識し、各フレームの間は10〜15㎝空けて並べるとバランスよく収まります。(Desenio)

彩る

LIVING ROOM
アイデア集

大空間を彩るには一定のボリュームが必要。ここでは内装の工夫で彩るアイデアを中心に紹介します。

リノベならではの 剥がし跡を装飾に

リノベーションで壁紙を剥がして現れたボンドの跡をそのまま生かして装飾とするアイデア。写真の事例では腰壁や一部の壁、天井を白く塗装することで、ハードになりすぎずバランスが取れた空間になっています。グレイッシュにまとめたソフトなインテリアを、照明や家具の脚のアイアンが引き締めています。(ゼロリノベ)

お気に入りが輝く場を
サイズから考える

施主が所持していたコレクションやTVのサイズに合わせて、オーダーメイドで仕上げたディスプレイ用のシェルフ。真っ白な背景だから、お気に入りがより引き立って見えます。飾り棚をつくるときには小さな面積よりも、壁一面すべてを覆うくらいのボリューム感があるほうが収まりがよくなります。（ブルースタジオ　撮影：千葉芳敬）

色柄ミックスで
暮らしを楽しく彩る

色とりどりの花々が美しく描かれた壁紙。イエローの下がり天井やグレイッシュブルーのキッチン、チェッカーフラッグの床、水色の壁など、大胆な色使いで彩られたLDK。個性的な空間はまるでメキシコなど海外の邸宅のよう。これだけの色がありながらまとまって見えるのは、アクセントになっている下がり天井以外は色のトーンをそろえているから。（nuリノベーション）

布の力は偉大。
カーテンで色を添えて

シアーカーテンを大胆な色柄にして、空間を彩るアイデア。透け感があるため、重くならずに意外と取り入れやすいのでおすすめです。面積が大きいカーテンには空間の印象を大きく変える効果があります。（カーテンレール：モノ16　ローマンシェード：クリエティ ループレスツイン／トーソー　ステッキ：Twin Z Stick Ⅱ／フジホーム）

窓辺にゆらめく波で
リビングを華やかに彩る

波打つような曲線のルーバー（羽根）が特徴のバーチカルブラインド。ルーバー同士が重なり合って生まれる影が美しく、リビングの大きな窓を華やかに彩ります。窓まわりに表情が出て、空間に奥行きが生まれる効果も。（バーチカルブラインド：デュアルシェイプ style C　ブラックバー：ハンギングバーH-1／トーソー）

House builder's Living room

ハウスメーカーの
とっておきリビングルーム

たくさんの顧客を抱え、市場のニーズをつかんでいるハウスメーカー各社。
ニーズを反映して数々の工夫が散りばめられたリビングを紹介します。
耐震性や環境への配慮など、ハウスメーカーならではの強みにも注目です。

積水ハウス

KOKAGE LOUNGE

大きな樹の下で暮らしたい。そんな願いがかないます

勾配天井に包まれた大空間リビング

軒下まで一体化するようデザインされた勾配天井。外と緩やかにつながる最大8m×10mの大空間が「KOKAGE LOUNGE」の大きな特徴です。大きな屋根に守られた暮らしは、大きな樹の下で木漏れ日を浴びているような心地よさと安心感をもたらします。

家の中にいるのに、まるで大きな木の下に広がる木陰でまどろんでいる気分。そんな心地よさを味わえる住まいが、積水ハウスの木造戸建住宅シャーウッド「KOKAGE LOUNGE（コカゲラウンジ）」です。

コロナ禍で自由に外出できる時間や場所が制限され、「家の中でも自然を感じたい」「在宅時間を充実させたい」といった声が多く聞かれます。その声に応えるべく生まれた「KOKAGE LOUNGE」。最大の特徴は、大きな勾配天井とその下に広がる大空間リビングです。従来屋根の3・7倍の剛性を持つという同社独自の小屋組技術や業界最大級の大断面棟木梁などの構造技術により、木造軸組工法でありながら最大8m×10mの広さの空間を実現。国産杉を用いた圧倒的な質量を誇る天井とともに、まるで大樹の下にいるような安心感をもたらします。

勾配天井からハイサッシのウインドウを介して続く軒下空間も魅力のひとつ。シームレスな半屋外空間を設けることで、室内にいながら外の空気を感じることができます。

自由度の高い設計により、大空間の中にさまざまな居場所を設けている点にも注目です。リビングを中心に家族みんなが緩やかにつながりながら、充実した自分時間を過ごす。この時代らしい、豊かな暮らしをかなえる上質な住空間と言えそうです。

**構造技術の進化で
自由な設計が可能に**

設計自由度の高さによる立体的なつくりも特徴的。1本の大樹の中にたくさんの枝葉が茂って場所ごとに異なる顔を見せるように、大空間の中に多様な居場所を設けることができます。

**自分らしい時間を過ごせる
スキップフロア**

広めの踊り場のようなスキップフロア。1階とも2階とも目線の高さが異なるため、家族の気配を感じながらもひとりで読書に集中したり音楽を楽しんだりと趣味の世界に没頭できます。

**外部を取り込む
天井から軒下の設計**

勾配天井から最大高さ2.7mのサッシを介して軒下まで連続する「勾配クリアビューデザイン」。中と外が一体になったような設計で、室内にいながら室外の自然を感じられます。

**高級感を醸しながら
街並みに溶け込む外観**

大胆で洗練された切妻屋根のシルエットが特徴の外観。街並みに自然に溶け込む、上質な木材や石材を用いたグレートーンのシックな配色も魅力です。

ヘーベルハウス〈旭化成ホームズ〉

THE LIVING -Sky Villa-

思わず目を見張る 圧倒的なリビング空間

目の前に広がるのは、壁や柱で区切られることのない圧倒的に伸びやかな空間。旭化成ホームズが展開するヘーベルハウス「THE LIVING -Sky Villa-（ザ・リビング スカイヴィラ）」では、そんな憧れのリビングルームを体感できます。

この広がりを生み出しているのは、重量鉄骨の柱と梁で構成する同社独自の「重鉄・システムラーメン構造」。大地震でも倒壊しにくい制震性と、自由な空間設計を同時に可能にしています。

注目したいのが天井と床、バルコニーまわりの工夫です。天井を部分的に高くする「ハイルーフユニット」は、室内に縦への伸びやかな開放感をもたらします。床の一部を下げる「ダウンフロアユニット」は、くつろぎのソファスペースに最適。適度なこもり感を演出するとともに、大空間にリズムを与えています。また、大開口の「ワイドフォールディングウインドウ」でリビングとフラットにつながる半屋外のバルコニー空間もポイント。室内から連続するよう設計された外壁「スカイウォール」で外からの視線を気にすることなく、屋外の開放感を楽しむことができます。

重量鉄骨構造と設計の工夫から生まれる、開放感と高級感にあふれるモダンなリビング空間。家に守られているという安心感とともに、精神的にもゆとりのある暮らしが送れるに違いありません。

視線が抜ける 重鉄の無柱空間

重量鉄骨の柱と梁を採用することで生まれる"無柱空間"のLDKが「THE LIVING」の特徴。1階と吹き抜けでつながる2階のリビングダイニングは、視界を遮らない広々とした空間。「ハイルーフユニット」で天井を部分的に高くすることで、さらなるゆとりを感じさせます。

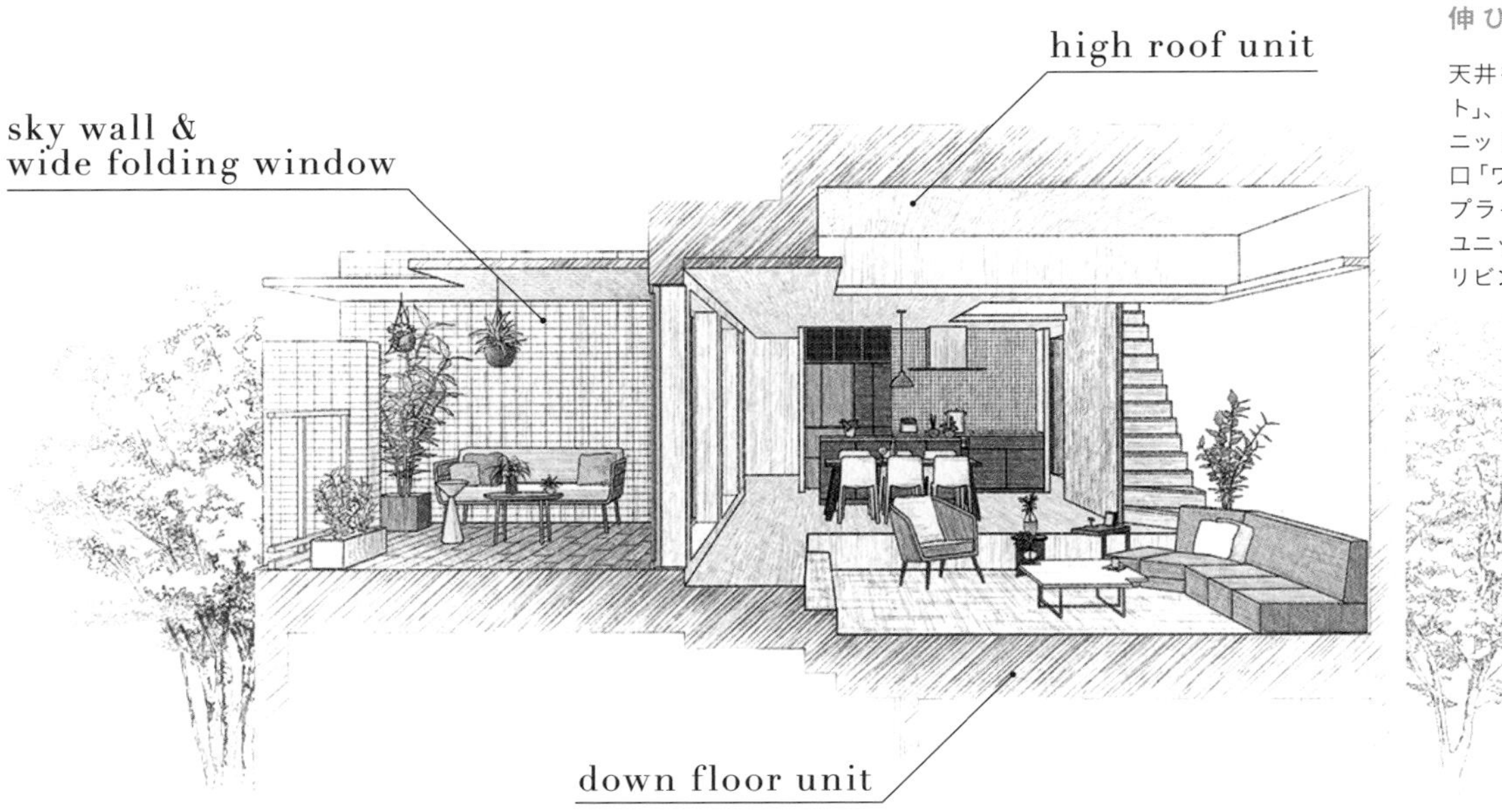

ユニットの組み合わせで 伸びやかな空間を実現

天井を部分的に上げる「ハイルーフユニット」、床を部分的に下げる「ダウンフロアユニット」。そして半屋外空間につながる大開口「ワイドフォールディングウインドウ」とプライバシーを守る「スカイウォール」。各ユニットを自在に組み合わせて、広々としたリビング空間をつくることが可能です。

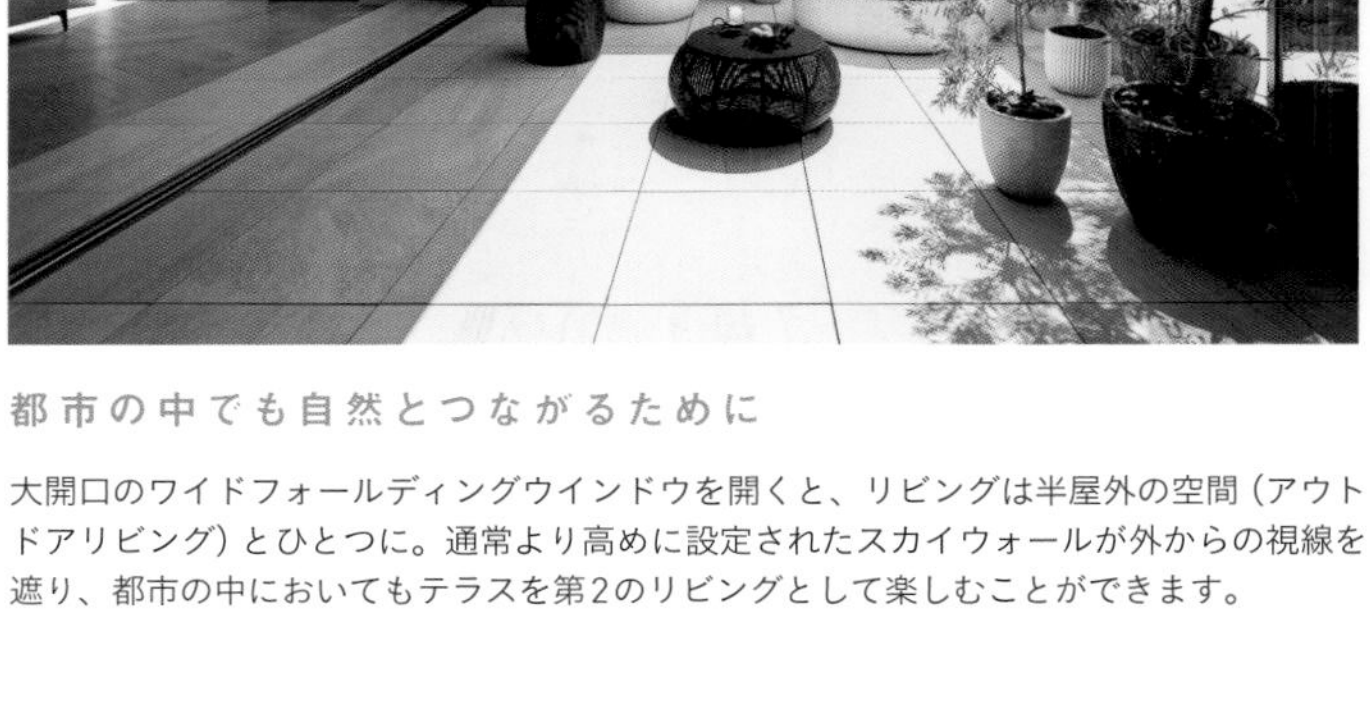

都市の中でも自然とつながるために

大開口のワイドフォールディングウインドウを開くと、リビングは半屋外の空間（アウトドアリビング）とひとつに。通常より高めに設定されたスカイウォールが外からの視線を遮り、都市の中においてもテラスを第2のリビングとして楽しむことができます。

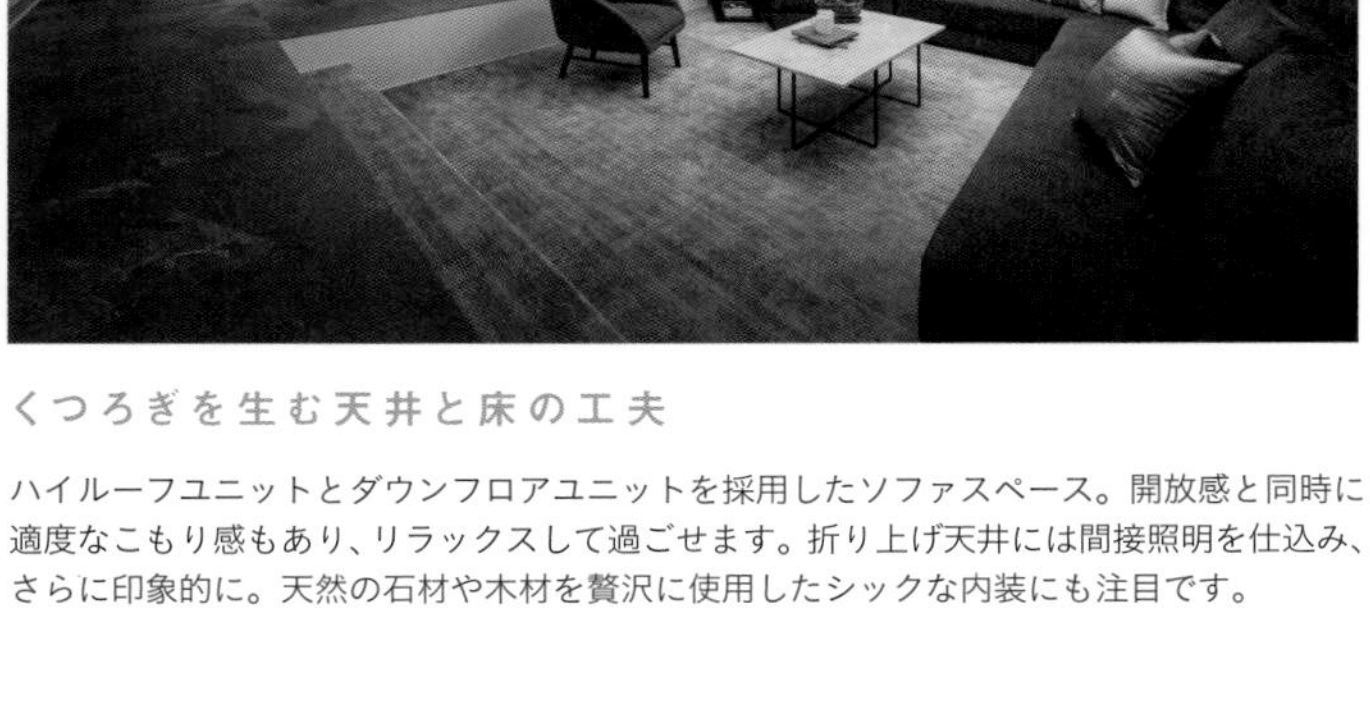

くつろぎを生む天井と床の工夫

ハイルーフユニットとダウンフロアユニットを採用したソファスペース。開放感と同時に適度なこもり感もあり、リラックスして過ごせます。折り上げ天井には間接照明を仕込み、さらに印象的に。天然の石材や木材を贅沢に使用したシックな内装にも注目です。

ダイワハウス〈大和ハウス工業〉

skye3

空と仲よくなれる大間口リビング

都市の中にいても空を感じられる暮らし。その実現のため、ダイワハウスを展開する大和ハウス工業が着目したのが、「2層吹き抜け」と「天井いっぱいの大開口」でした。

重量鉄骨ラーメン構造の3階建て戸建住宅「skye3（スカイエスリー）」のコンセプトは、「広がりと明るさのある空間を実現するスカイフルデザイン」。なかでも注目は「エアグランリビング」と称したリビングルームまわりの設計です。リビング階の天井高を最高2・72mとし、さらに2層を吹き抜けにすることで縦の広がりを強調。天井いっぱいまでの高さに設定した窓を壁一面に配することで、横への広がりもつくりました。縦横の広がりを組み合わせることで、実際の面積以上に伸びやかさを感じられるリビングルームが生まれています。

「オープンエアバルコニー」も魅力のひとつ。リビングルームとシームレス

明るさと開放感を生む2層吹き抜け×大開口

リビング階の天井高は最高2.72mまで設定可能。2層吹き抜けによる縦の広がりと、天井までの高さの窓を連ねることで生まれる横の広がりで実現したダイナミックなリビング空間が特徴の「skye3」。都市の中でも明るさと開放感を満喫できます。

につながるため、第2のリビングとしてくつろぐもよし、さまざまな使い方ができます。通常より高い腰壁や深い軒などで気になる外からの目線を遮断し、都市の中でも見えるものは空だけ、なんていう贅沢も味わえそうです。
　また、都市の厳しい斜線制限に柔軟に対応する斜線対応システムなどを駆使して、さまざまな敷地に対応できる点もポイント。都会の狭小地でも空を感じる暮らしが実現できます。

実面積以上の広がりを感じる フレキシブルな設計

3階建てを望む人は敷地面積に限りがある場合も多いもの。敷地状況に応じてフレキシブルに吹き抜けと大開口を設けることで、実面積以上の伸びやかな空間を実現できます。リビングとシームレスにつながるバルコニーでさらに広がりをプラス。

もうひとつの部屋の感覚。オープンエアバルコニー

LDK空間とフラットにつながり、深い軒や腰壁、ルーバーで守られたバルコニー。外でもあり内でもあるオープンエアの空間は、第2のリビングとしてゆったり過ごしたり子どもの遊び場にしたりと、自由な楽しみ方ができます。

重厚感のある外観はバリエーションも多彩

高い耐震性能とプランの自由度を両立する重量鉄骨ラーメン構造。2階バルコニーの腰壁をデザインのポイントとしたファサードが印象的です。上の写真以外にもさまざまなデザインのバリエーションが用意され、好みや敷地の形状、状況に応じてアレンジ可能です。

眺望を楽しみ、空間を広げる窓まわり

眺めのよい3階をリビングとし、天井高を2.72mにするプランも。屋内外の段差をなくした「フラットスルーウインドウ」は天井の高さいっぱいまでの設計で、サッシもスリム化。空間の広がりが感じられるとともに、眺望のよさを存分に享受できそうです。

広々とした空間に
たくさんの居場所をつくる

くつろぎのソファスペースに、ちょっとした作業もできるカウンター。こもり感のあるラウンジスペース。広々としたリビング空間にさまざまな居場所を設けることで、家族が緩やかにつながりながら自然にそれぞれの趣味や習慣を楽しめます。

住友林業

New everyday

新しいライフスタイルは木の香りとともに

木をはじめとした自然に囲まれた暮らしはやっぱり憧れ。家にいながらにしてその空気を味わえる、木のよい香りが漂ってきそうな木造戸建住宅はいつの時代も人気です。

国内外で広大な森林を保有・管理して樹木の育成に携わり、木造住宅に並々ならぬこだわりを持つ住友林業。木の力を存分に生かした住まいをつくり続けています。

そんな同社がコロナ禍を受けて新たに提案した木の家が「New everyday」。着目したのは「もっとやすらげる場所づくり」と「集中できるワークスペースづくり」です。なかでもやすらぎの場所としてのリビングは、家族が家にいる時間が増えたことを踏まえ、個々の時間を尊重しながらも緩やかにつながる空間を設計。大空間の中にさまざまな居場所をつくり、家族の気配を感じながら自由にそれぞれの趣味やくつろぎの時間を楽しむことができます。

そのリビングを彩るのが木質感豊かな内装と、太陽、風、緑の自然エネルギーを生かす独自の「涼温房」設計。綿密な敷地調査、気象情報から風通しをシミュレーションし、家づくりにつなげています。空気清浄に配慮した全館空調システムや創エネ・省エネにも力を入れ、環境に配慮したこれからのスタンダードな暮らしを提案。木の香りに包まれながら、充実した新生活を始められそうです。

木のぬくもりあふれる大空間リビング

木造戸建に強い住友林業ならではの、上質なオリジナル部材「プライムウッド」を床や天井をはじめとする内装に贅沢に使用した大空間リビング。耐震性を確保しながら柱や壁を極力抑えて開放感のあるLDKを実現しています。

自然の力を極力生かして深呼吸したくなる空間に

風や太陽、緑などの自然エネルギーを生かして、夏の暑さや冬の寒さをやわらげる独自開発の「涼温房」の設計を導入。緑が茂る庭やデッキ、バルコニー、大開口などを駆使して、涼やかな風が通り抜けて思わず深呼吸したくなる開放的な住まいに。

自然に溶け込むナチュラルなデザイン

ナチュラルな色合いで風景に溶け込む外観デザイン。庭をはじめ建物前面や駐車スペースにも植栽を豊富に施し、木と緑に囲まれた心地よい暮らしを送れます。屋根まで届くシンボルツリーもポイント。

家で集中して働くためのプランいろいろ

「集中できる仕事空間」にも力を入れている「New everyday」。上の写真は、大量の仕事の資料も入る大きな収納を背に、寝室と緩やかにつながるワークスペースの例。適度なこもり感でほどよく集中することができます。個室プランやLDKにスペースを設けた例も。

眺望のよい場所を訪れると、気分が高揚して晴れやかな気持ちになる。同じような体験が自分の住まいでできたら――。それが積水化学工業が展開するセキスイハイムの鉄骨系3階建住宅「DESIO（デシオ）」です。

3階建住宅のメリットとしては、居住スペースの確保はもちろんのこと、やはり高さが第一に挙げられます。高さの利点を存分に享受したいのなら、おすすめは3階に開けたリビングダイニングを設けるプラン。大開口を介して大きなバルコニーを設ければ、よりその魅力を感じられるはず。家の中が、家族みんなで「眺望」を楽しめる展望台に変わります。また、吹き抜けや天窓で、光をたっぷり取り入れられるのも高さを生かした設計のひとつです。

この縦にも横にも伸びやかな空間を実現しているのが、同社が長年培ってきたユニット工法。柱と梁を溶接して一体化した高強度のユニットを重ねることで、視界が遮られない広々とした空間をつくることができます。

3階建だとフロアの温度差や光熱費が気になるところ。その点は高断熱・高気密の設計や、同社オリジナルの全室空調システム「快適エアリー」でしっかりと対応。いつでも快適に過ごせます。

毎日、街の景色を眺めてエネルギーチャージ。そんな暮らし、始めてみませんか？

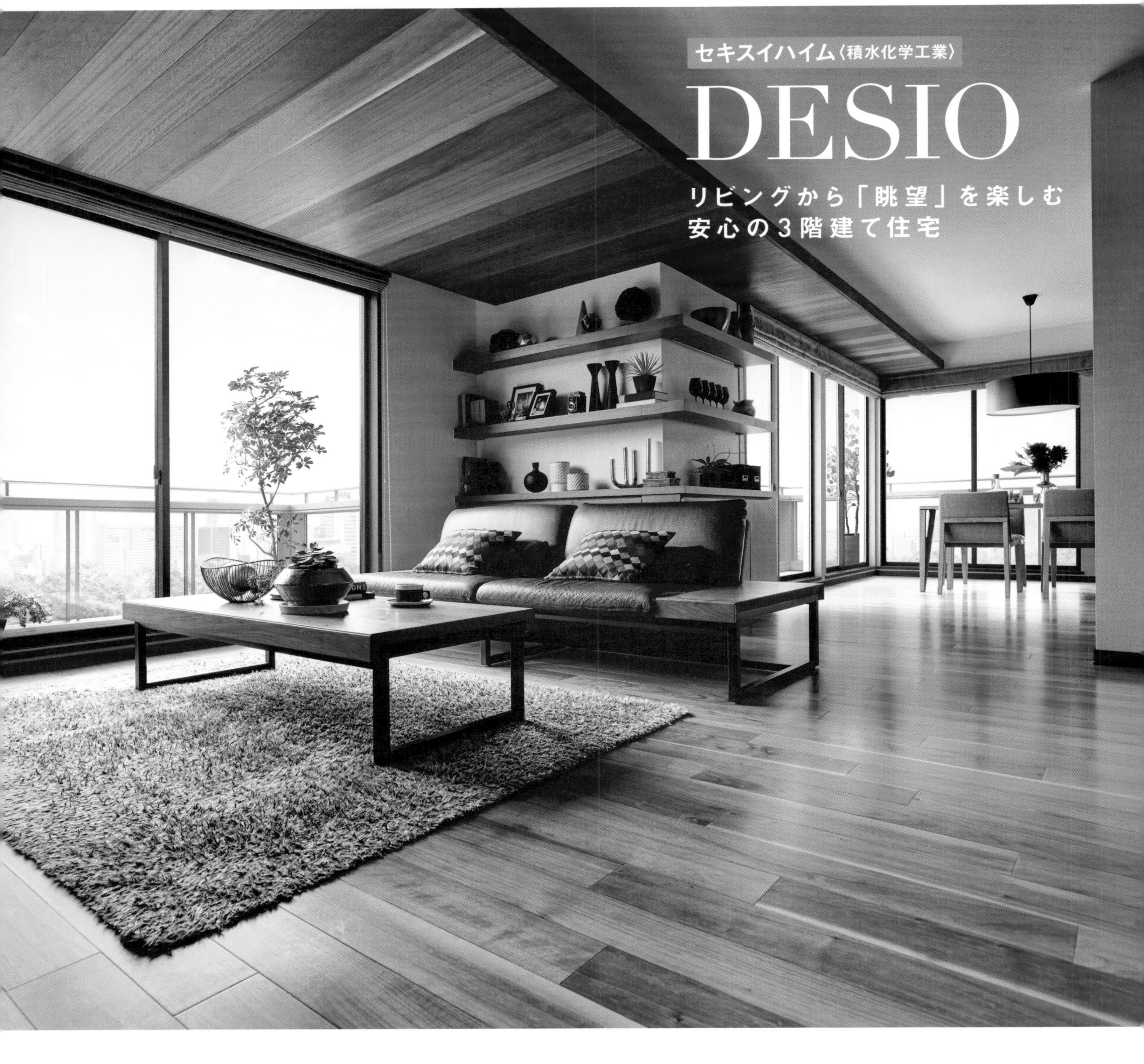

セキスイハイム〈積水化学工業〉

DESIO

リビングから「眺望」を楽しむ安心の3階建て住宅

※掲載の内装は最新仕様・標準仕様とは異なる仕様を含んでおり、実際には採用できない場合があります。

ダイナミックな吹き抜けで家の中にタワーをつくる

1階から3階まで吹き抜けのダイナミックなリビングルームをつくることも可能。梁や柱で遮られることのないこの空間も、高さがとれる3階建とユニット工法ならではの魅力です。

スカイビューを楽しめる特等席リビング

住まいの特等席である3階にリビングルームを設けたプラン。格別の眺望を味わうことができます。大きなバルコニーを隣接させれば、さらに開放感が感じられます。ダイニングまで間仕切りなく続く空間は、大開口とあいまってまるで展望台のよう。

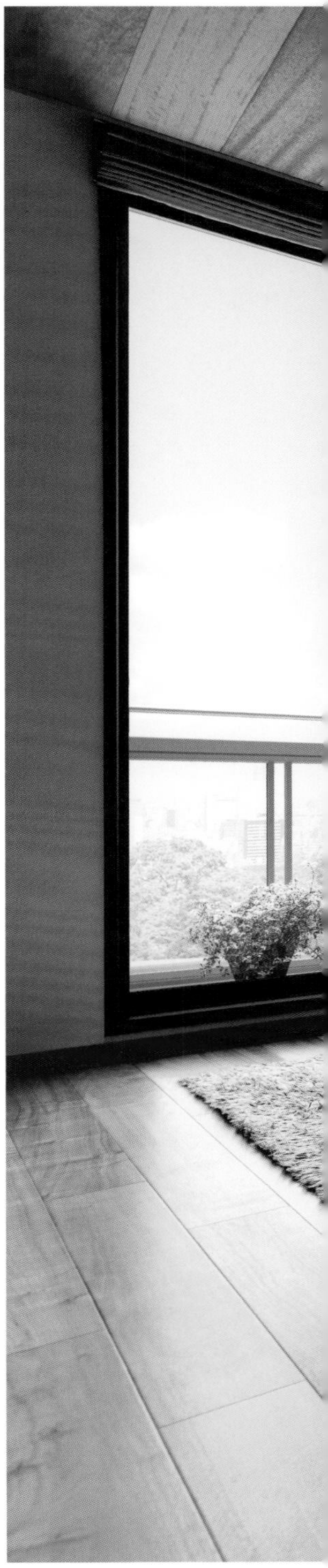

風格あるたたずまい。選べる磁器タイルも魅力

強固な構造体の存在を感じさせる、力強く伸びやかなフォルムが特徴の外観。29種類の色柄から選べる磁器タイルの彫りと陰影感が風格をもたらします。写真の事例では2階に設けられた「うちそとテラス」が、開放的でゆとりあるライフスタイルを後押しします。

ユニット工法で生まれる強靭かつオープンな空間

柱と梁を溶接して一体化した、高強度のユニット。ユニットを積み重ねた「ボックスラーメン構造」がセキスイハイムの建物のベースとなります。縦方向にも横方向にも間仕切りを少なくでき、ボリューム感あふれるオープンな空間をつくることができます。

三井ホーム

IZM

非日常が新たな日常に。
内外を自由に行き来する暮らし方

内と外の境界がない、自由な暮らしを提案する三井ホームの木造戸建住宅「IZM（イズム）」。大きな特徴は、リビングをはじめとした建物内の生活空間とシームレスにつながる「ラナイ」と呼ばれるスペースです。ラナイとは「半戸外空間」を意味するハワイ語。ハワイのピースフルで心地よい光と風を自分の家で感じることができたら、それは最高の気分。IZMではそんな非日常が日常に変わります。

深い軒を介してリビングとつながる、屋根のない開放的な「オープンラナイ」。十分なスペースがあり、お気に入りのアウトドア家具を並べてサブリビングとして活用したい空間です。気になるプライバシーの問題も「プライバシーウォール」で守られるから安心。家族や友人と、時にはひとりで、住宅街の中でも思い切り羽根を伸ばせます。

オープンラナイと緩やかにつながるのが「ダイニングラナイ」。こちらは屋根つきの半戸外空間。外の風に吹かれながら食事を楽しんだり、時には気分を変えてリモートワークするのにもよさそうです。天井や床をはじめいたるところに木を効果的に配し、心地よさを誘います。さらに2階にもワークスペースに隣接した「スカイラナイ」や、入浴しながら緑を眺められる「バスラナイ」などが設けられています。

内も外も生活空間として自由に行き来し、自由に使う。そんなボーダーレスな暮らしが手に入ります。

**家にいながら屋外生活。
内外ボーダーレスな暮らし**

リビングルームから直接つながるオープンラナイは、屋根のない開放的なスペース。プライバシーウォールにより外からの視線を気にすることなく、家族やゲストとの憩いの場になります。その奥は半戸外のダイニングラナイ。風に吹かれながら仕事なんていうのも素敵です。

**外とシームレスにつながる
開放的なLDK空間**

家の中にはLDKが一体となったゆとりある空間が広がります。そしてリビングの窓の先にはオープンラナイ、ダイニングキッチンの先には屋根のあるダイニングラナイが。それぞれがシームレスにつながり、内の空間もより広く開放的に感じられます。

シンボリックなプライバシーウォール

水平・垂直のラインを基調とし、洗練された印象の外観。タイルの素材感のあるプライバシーウォールが印象的です。側面にも配されたこの壁が外からの視線を遮ることで、開放感を保ちつつプライバシーもしっかり守ります。風雨による建物の汚れを防ぐ役割も。

時にはおこもり空間でリラックス

開放的なスペースもいいけれど、たまにはこもれる場所で落ち着いて過ごしたい。そんなときにはリビングの一角、階段下に設けられたコージーベンチへ。「cozy」の名のとおり、こぢんまりとして落ち着いてくつろぐのにぴったりのスペースです。

シックな意匠で
重厚感のある外観

水平ラインを強調するブラックのサッシが重厚感を与える外観。外壁には天然石の複雑で豊かな風合いを表現した大判のタイルを使用。不ぞろいな2種類の厚みを混ぜることで陽の当たり方によって陰影が生まれ、壁面に印象的なアクセントをもたらします。

パナソニック ホームズ

CASART Black&Stone model

ブラックサッシとタイルでシックに彩られた邸宅

無垢材のフローリングに広々とした吹き抜けのリビング。陽光が差し込む縦の連窓を縁取るのはブラックカラーのサッシ。細く印象的なラインが効果的に空間を引き締め、モダンなインテリアに仕上がっています。

パナソニック ホームズの「CASART（カサート）」は、ロングセラーを誇る同社の戸建住宅シリーズ。耐震性に優れた「制震鉄骨軸組構造」で柱や間仕切りの少ない開放的な空間を実現できるうえ、15㎝単位での設計が可能できめ細かな空間配置を得意とします。このたび「Black&Stone model」としてデザイン面で新たなモデルが登場。外壁には天然石を模した複雑な色合いの大判タイルを使用。サッシのブラックがアクセントとなった、重厚感のある端正な外観が特徴です。

エクステリアだけでなく、階段の手すりや壁紙などのインテリアの部材でもさまざまなブラックアイテムを用意。サッシとコーディネートすることでインテリアの完成度がより高まります。

また、昨今のトレンドを反映した「ナチュラルグレージュ」スタイルにも注目です。優しく上品な空間を窓のブラックサッシがほどよく引き締めます。

優れたデザインを支えるのが同社の精鋭設計者である「エキスパートデザイナー」。深い知識と技術を持つ設計者が建て主の希望に応じてきめ細やかに対応。自分らしく、洗練されたデザイン性の高い住まいを実現できます。

大空間を引き締めるブラックサッシ

柱や間仕切りの少ない開放的な空間設計が魅力の「CASART」。新たに登場した「ブラック＆ストーンモデル」はブラックのサッシが特徴のひとつ。2層吹き抜けの広々としたリビングでは、窓や階段のブラックカラーがインテリアのアクセントとなっています。

トレンドを反映した上品なグレージュの内装も

近年のインテリアのトレンドを反映した「ナチュラルグレージュ」スタイルのリビングルーム例。馴染みのよい木目柄と落ち着きのある色合いのグレージュの内装材でコーディネートした上品なインテリアを、サッシのブラックカラーがほどよく引き締めています。

トヨタホーム

SINCÉ Smart Stage +HIRAYA

平屋、なのに2階？ アイデアあふれる住まい

最近特に人気が高まっている平屋建て住宅。生活動線がシンプル、家族のコミュニケーションが取りやすい、地震の揺れに強いなど、さまざまな長所に注目が集まっています。

そんな平屋建てにプラスアルファの魅力を付加したのがトヨタホームの「SINCÉ Smart Stage + HIRAYA（シンセ・スマートステージ・プラス平屋）」。驚くのは、縦にも横にも広がりのある開放的な空間です。もともと屋根の高さを自由に設定しやすい平屋。加えて同社独自の「ワイズジョイントS工法」によりユニット間に空間を生み出し、さらに広がりを持たせられるように。従来以上の高さのあるLDKを実現しています。

その高さを生かして設けられているのがスキップフロアとロフト。ともに「屋根裏部屋」と呼ぶには収まらない広々としたスペースです。LDKを一望できるスキップフロアではひとりでゆっくり趣味を楽しみ、ロフトにはアウトドア用品や季節ものなどをたっぷりしまえます。スキップフロアの下部にも大容量のストレージがあり、住まい全体の収納率は同社の従来の平屋建てに比べて23％もアップしています。

全館空調＋床冷暖（※）「スマート・エアーズPLUS」により、リビングはもちろんどこにいても空気と温度で足元から快適に過ごせるのも特徴。利便性も心地よさも両立できる、新しい平屋建て住宅の登場です。

立体設計による新しい平屋建ての姿

開放感のある大空間LDKや、縦の空間を上手に活用したスキップフロア、そして豊富な収納スペース。平屋のメリットはそのままに、立体設計によってさらなるアイデアで魅力がプラスされた新しい間取りの家です。

新たな使い方ができる"1.5階"の利点

平屋建ての住宅にスキップフロアやロフトを設けることで、居室の面積を減らすことなくたっぷりしまえる収納スペースをつくることができます。写真のスキップフロアはひとりでゆっくりしたいときなどに便利な独立スペース。大容量のライブラリーを設置して読書三昧も。

落ち着きのあるシンプルな外観

平屋建てらしいシンプルな切妻屋根の外観。天井を高く設定することでスキップフロアやロフトのスペースを創出し、住まいの収納力アップにつながります。

※床冷暖とは、スマート・エアーズに基礎断熱を組み合わせることで、従来よりも足元を快適にする効果のことを示します。床に冷暖房装置がついているものではありません。

迫力の梁と吹き抜けの印象的な天井

「ワイズジョイントS工法」による迫力の梁と吹き抜けの天井が印象的。キッチンからダイニング、リビングがひとつながりになった大空間で伸び伸びと過ごせます。リビングの向こうはガラス窓で仕切られたホームオフィス。写真右側のガラス張りのスキップフロアの下部は大容量のストレージと、空間を効率的に使用できます。

LDKと緩やかにつながるホームオフィス

LDKと緩やかにつながるセミオープンなホームオフィス。ガラスの室内窓で仕切ることで圧迫感もなく、リビングにいる家族の気配を感じながらもほどよく集中して作業を行うことができます。背面には大収納の本棚も設置して、仕事道具だけでなく趣味の道具やちょっとしたコレクションなども飾りながらしまえます。

ミサワホーム

CENTURY 蔵のある家 ZEH ADVANCE

使い方は自由。新たなリビングのかたち

暮らし方も価値観も、そして生き方もどんどん多様化する現在。住まいも、これまでの決まったかたちから解き放たれるべきではないか。そんな考えから発想されたのが、ミサワホームの木質系戸建住宅「CENTURY 蔵のある家 ZEH ADVANCE」です。

仕事や勉強、趣味などさまざまな活動を家で行うようになり、部屋の使い方が多様になったことから、これまで家族が集まる場所としてひとつながりの大空間にすることが当たり前であったLDKを分割。「コミュニケーションハブ+ダイニングラウンジ」と「フレックスコモンズ」の2つの空間を透過性のある建具で仕切り、場合に応じて家族のつながりを調整できる空間を提案しています。この2つのスペースが位置する1階は、天井高3・3mという開放的な空間。ハイサッシから日の光をたっぷり取り入れて、身も心も良好な暮らしをサポートします。

環境への配慮も充実。高い断熱性能と省エネ、創エネで住宅の一次エネルギーの年間消費量がおおむねゼロになる住まい、ZEH(ネット・ゼロ・エネルギー・ハウス)からさらに一歩進んで、建設時から居住時、廃棄時までトータルでのCO_2収支をマイナスにするLCCM(ライフサイクルカーボンマイナス)にまで対応しています。過ごし方も環境への配慮も最先端。そんな住まいで暮らしてみませんか?

住まいのマルチプレイス化を推進する大空間スペース

キッチンを中心に家族やスペースがつながる「コニュニケーションハブ」(写真中央)と食事の場やリビング、デスクワークなど多目的に利用できる「ダイニングラウンジ」(同左)。従来のリビングルームの概念を超えて、もっと自由な暮らし方を推進します。

3.3mの高天井。半屋外のような空間

透過性のある建具によってダイニングラウンジと緩やかにつながるスペース「フレックスコモンズ」。仕切って異なる使い方をしても、開いて広々と使うことも可能です。1階は約3.3mの開放的な高天井空間が魅力。窓も天井までの高さのハイサッシ仕様で、日差しをたっぷりと取り込むことができます。

使い分けに適した2つの蔵

建物の2階部分には2つの「蔵」が設けられており、分散収納が可能に。階段ホールの出入り口から利用する「デイリーユースの蔵」(右写真)は、生活動線上にあるため日用品の収納や災害用の備蓄に便利。もうひとつは、2階居室の床面に扉を設けて利用する「シーズナルユースの蔵」(上写真)。こちらは季節ものの収納などにぴったりです。

敷地条件に対応しながらLCCM住宅を実現する外観

敷地条件に対応しながら大容量の太陽光発電システムを搭載できるフォルムを採用するなど、32坪程度の住まいからLCCM住宅を実現。天井高3.3mの1階の大開口からは、広々としたダイニングラウンジの様子が伺えます。

COMPANY LIST
設計者／施工者／協力会社一覧

CASES

アウトドアリビングの家 (P056-059)
〈設計者〉
seki.design
神戸市中央区山本通5-13-9 再度ハイツ101
TEL 078-351-6128
✉info@sekidesign.com
https://www.sekidesign.com/
〈施工者〉
コネクシオホーム
兵庫県神戸市中央区東町123-1 貿易ビル910-4
https://www.connnexiohome.com/

門松の家 (P060-063)
〈設計者〉
松本設計
佐賀県鳥栖市曽根崎町1146-11
TEL 0942-85-9280
✉matsumotosekkei.info@gmail.com
https://matsumotosekkei.com/
〈施工者〉
Knot建築企画
福岡県糟屋郡粕屋町
https://knot-kk.com/

ヨヨギノイエ (P068-071)
〈設計者〉
swarm
東京都渋谷区富ヶ谷2-19-5-202
TEL 080-4431-9947
✉hidaka@swarm-inc.com
https://www.swarm-inc.com/
〈施工者〉
todo
東京都目黒区鷹番2-13-9
https://www.welcometodo.com/

Stir (P072-075)
〈設計者〉
御手洗龍建築設計事務所
東京都目黒区三田2-3-20 伊藤ビル3階
TEL 03-6874-6593
✉info@ryumitarai.jp
https://www.ryumitarai.jp/
〈施工者〉
イケダ工務店
栃木県宇都宮市上横倉町309
https://kk-ikeda.net/

1＋house (P076-079)
〈設計者〉
建築設計事務所SAI工房
兵庫県川西市美園町3-3-13
TEL 072-714-0248
✉info@saito-ao.com
https://www.saito-ao.com/
〈施工者〉
池正
大阪府堺市中区伏尾126
https://www.ikeshou.jp/

京都の家 (P032-035)
〈設計者〉
一級建築士事務所07BEACH
京都府京都市北区等寺院西町35-7
TEL 080-9561-0463
✉zero7beach@gmail.com
https://zero7beach.blogspot.com/
〈施工者〉
久馬設計工務
京都府京都市上京区北町646-1
https://www.facebook.com/qma99/

スキユハウス (P036-039)
〈設計者〉
一級建築士事務所ikmo
東京都江東区北砂6-14-5
TEL 03-5683-2623
✉ikmo@neko.biglobe.ne.jp
http://www5b.biglobe.ne.jp/~ikmo/
〈施工者〉
内田産業
東京都西東京市新町5-5-20
https://www.uchida-sangyou.co.jp/

H邸 (P040-043)
〈設計者〉
ブルースタジオ
東京都中央区築地4-5-9 築地安田第2ビル4階
TEL 03-3541-5878
✉o_toi_awase@bluestudio.jp
https://www.bluestudio.jp/
〈施工者〉
シグマテック
東京都世田谷区下馬3-32-6
https://www.sigma-tech.jp/

Chocolate Cornet (P048-051)
〈設計者〉
服部信康建築設計事務所
愛知県西春日井郡豊山町豊場下戸40-1
サキビル2階
TEL 0568-28-1408
✉hattori@ou-chi.in
https://ou-chi.in/
〈施工者〉
箱屋
愛知県春日井市気噴町北1-32
http://hacoya.jugem.jp/

西七区の家 (P052-055)
〈設計者・施工者〉
ARTBOX建築工房一級建築士事務所
岡山県岡山市南区西七区169-2
TEL 086-362-0280
✉d-noda@artbox-architect.com
https://artboxkenchikukoubou.com/

生活の倉／武蔵野の二世帯住宅 (P008-011)
〈設計者〉
一級建築士事務所knof
東京都江東区木場3
✉info@knof.jp
https://www.knof.jp/
〈施工者〉
吉田工務店
東京都稲城市東長沼784
https://yoshida-c.com/

Ring on the Green (P012-015)
〈設計者〉
HAMS and, Studio一級建築士事務所
東京都世田谷区
TEL 090-1819-1474
✉hokibarayota@hamsandstudio.com
https://yotahoki.com/
〈施工者〉
Roovice
神奈川県横浜市中区真砂町3-33 セルテ11F
https://www.roovice.com/

M邸 (P016-019)
〈設計者・施工者〉
フィールドガレージ
東京都目黒区上目黒2-12-8
TEL 03-6715-6901
✉fg@fieldgarage.com
https://www.fieldgarage.com/

Tさんの家 (P020-023)
〈設計者・施工者〉
ハンズデザイン一級建築士事務所
千葉県船橋市旭町6-3-1-317
TEL 047-406-7077
✉contact@hands-a-design.jp
https://www.hands-a-design.jp/

オープンスカイハウス (P028-031)
〈設計者〉
鈴木理考建築都市事務所
東京都杉並区阿佐谷南1-47-16-302
TEL 03-6304-9204
✉info@ysaa.co
https://www.ysaa.co/
〈施工者〉
山菱工務店
東京都三鷹市新川6-26-6
https://sanryo.com/

ハウスメーカー（掲載順）

積水ハウス
TEL 03-6440-3111
https://www.sekisuihouse.co.jp/

旭化成ホームズ
TEL 03-6899-3010
https://www.asahi-kasei.co.jp/hebel/

大和ハウス工業
TEL 0120-590-956（住宅コンタクトセンター）
https://www.daiwahouse.co.jp/jutaku/

住友林業
TEL 0120-21-7555
https://sfc.jp/ie/

積水化学工業
TEL 03-6748-6418
https://www.sekisuiheim.com/

三井ホーム
TEL 03-3346-4411
https://www.mitsuihome.co.jp/

パナソニック ホームズ
TEL 06-6834-5111
https://homes.panasonic.com/

トヨタホーム
TEL 0800-500-2448（ふれあいコールセンター）
https://www.toyotahome.co.jp/

ミサワホーム
TEL 0120-411-330
https://www.misawa.co.jp/

本書内のキャプションに［a］［b］のアルファベットを記しているものは、下記のトーソー出版の出版物に掲載した写真を抜粋して再掲載したものです。
[a] La Finestra nuova
[b] クリエーターズ リラクシング ルーム

アイデア集（掲載順）

トーソー
TEL 03-3552-1002
https://www.toso.co.jp/

フィールドガレージ
TEL 03-6715-6901
https://www.fieldgarage.com/

住友林業
TEL 0120-21-7555
https://sfc.jp/ie/

toolbox
TEL 03-6706-4845
https://www.r-toolbox.jp/

アートアンドクラフト
TEL 06-6443-1350
https://www.a-crafts.co.jp/

東商アソシエート
TEL 03-4321-0142
https://www.climbing-tosho.com/

nuリノベーション
TEL 0120-453-553
https://n-u.jp/

空間社
TEL 03-5707-2330
https://www.kukansha.com/

クラシスホーム
TEL 052-622-2202
https://www.clasishome.jp/

ブルースタジオ
TEL 03-3541-5878
https://www.bluestudio.jp/

EcoSmart Fire 南青山ショールーム
TEL 03-6450-6366
https://ecosmartfire.mmlproducts.com/

ワンズホーム
TEL 053-584-6061
https://www.oneshome-hamamatsu.jp/

エイトデザイン
TEL 052-883-8748
https://eightdesign.jp/

ゼロリノベ
https://www.zerorenovation.com/

Desenio
https://desenio.eu/

フジホーム
TEL 03-3523-1631
http://www.fujihome.co.jp/

Y's KITCHEN (P080-083)
〈設計者〉
shushi architects
東京都港区虎ノ門1-11-10 4F
TEL 050-3698-2277
✉info@shushi.tokyo
https://shushi.tokyo/
〈施工者〉
ビルドデザイン
神奈川県川崎市

TERADA HOUSE (P088-091)
〈設計者〉
寺田平手設計
東京都渋谷区千駄ヶ谷2-34-8-302
TEL 03-6804-9257
✉info@teradadesign.com
https://www.teradadesign.com/
〈施工者〉
ジェイホームズ
神奈川県横浜市都筑区中川1-6-12
https://www.jhomes.jp/

東琵琶湖の家 (P092-095)
〈設計者〉
COLOR LABEL DESIGN OFFICE
/殿村明彦建築デザイン研究所
滋賀県彦根市新海浜2-11-4
TEL 0749-20-2571
✉info@colorlabel-design.com
https://colorlabel-design.com/
〈施工者〉
非公表

桜並木のワンルーム住宅 (P096-099)
〈設計者〉
Inoue Yoshimura studio Inc.
東京都渋谷区千駄ヶ谷4-5-15
ストークメイジュ206
✉info@iystudio.jp
https://iystudio.jp/
〈施工者〉
坂牧工務店
東京都町田市本町田1139-7
https://sakamaki-koumuten.com/

木元さんの家 (P100-103)
〈設計者〉
一級建築士事務所 ニコ設計室
東京都杉並区上荻1-16-3 森谷ビル5階
TEL 03-3220-9337
✉niko@niko-arch.com
https://www.niko-arch.com/
〈施工者〉
宮嶋工務店
東京都府中市紅葉丘1-36-26
http://www.miyashima.co.jp/

理想の暮らしを
かなえる
リビングの本

過ごし方別リビングルームの
実例&アイデア集

2022年11月15日　初版第1刷発行

発行人
前川圭二

発行元
トーソー株式会社　トーソー出版
〒104-0033
東京都中央区新川1-4-9
tel. 03-3552-1001
https://www.toso.co.jp/book/

企画
神谷 悟　平野奈津美
藤橋佳子　福原 愛
（トーソー株式会社）

企画・制作
株式会社デュウ
〒101-0051
東京都千代田区神田神保町2-40-7 友輪ビル2F
tel. 03-3221-4022

編集
水谷浩明　川下靖代
（株式会社デュウ）

AD・デザイン
蓮尾真沙子（tri）

執筆協力
小畑明日香　佐藤季代

印刷・製本
大日本印刷株式会社

ISBN978-4-904403-25-9 C2077